王继成 向中富 彭 凯
编著
罗 杰 杜小平

桥梁 预应力及索力张拉测控技术

Qiaoliang

Yuyingli ji Suoli Zhangla Cekong Jishu

人民交通出版社
China Communications Press

内 容 提 要

本书对桥梁预应力和索力张拉施工技术现状以及测控方法手段进行了系统总结和分析，提出了桥梁预应力和索力"精细化"施工理念及"全程化、系统化、定量化、智能化"测控技术原则，构建了张拉施工智能测控体系，并结合大量应用实例，介绍了智能测控体系的软硬件组成、功能特点、操作方法和应用效果等。

本书主要用于指导桥梁预应力和索力张拉"精细化"施工，也可供相关专业高校师生和科研人员参考。

图书在版编目（CIP）数据

桥梁预应力及索力张拉测控技术／王继成等编著．—北京：人民交通出版社，2010.4

ISBN 978-7-114-08296-2

Ⅰ.①桥…　Ⅱ.①王…　Ⅲ.①桥梁结构：预应力结构－桥梁工程－工程质量－质量检验②桥梁结构：预应力结构－桥梁工程－工程验收　Ⅳ.①U445

中国版本图书馆CIP数据核字（2010）第064883号

书　　名： 桥梁预应力及索力张拉测控技术
著 作 者： 王继成等
责任编辑： 李　萍　李　农
出版发行： 人民交通出版社
地　　址：（100011）北京市朝阳区安定门外外馆斜街3号
网　　址： http://www.ccpress.com.cn
销售电话：（010）59757969，59757973
总 经 销： 人民交通出版社发行部
经　　销： 各地新华书店
印　　刷： 北京市密东印刷有限公司
开　　本： 720×960　1/16
印　　张： 11.5
字　　数： 196千
版　　次： 2010年4月第1版
印　　次： 2011年5月第2次印刷
书　　号： ISBN 978-7-114-08296-2
印　　数： 3501－5500册
定　　价： 30.00元
（如有印刷、装订质量问题的图书由本社负责调换）

前　言

预应力技术是现代桥梁工程的核心技术之一。桥梁预应力和索力的建立对相关的材料、器具、设备、人员和施工的技术要求很高。对大量在役桥梁的调查和检测表明,相当部分的桥梁质量隐患来源于预应力和索力张拉施工的质量控制不力。目前国内桥梁预应力和索力张拉施工质量的现场控制大都还停留在传统的认识阶段和技术状态,有限的实桥预应力施工过程检测分析往往因为造价较高、配套不齐、操作困难、效率低下而难以实现规模化的工程应用。

总体上看,目前国内桥梁预应力和索力张拉施工受现场条件和人为因素干扰较多,具有较大的随意性和变异性,施工质量稳定性和可靠度较低,亟待在操作流程的规范性和精准度上予以加强。因此,应积极利用现代化的过程测控手段,实施严格的过程验收评估标准,推动桥梁预应力和索力张拉“精细化”施工,为工程质量“百年大计”提供有力的技术保障,这也是出版本书的宗旨。

针对上述问题,重庆交通大学等单位合作开展了持续深入的理论分析、试验研究和产品开发、应用验证,借助现代检测技术和信息智能手段构建了“桥梁预应力及索力张拉施工智能测控”技术体系,形成系列化配套的软、硬件产品系统,并在大量实桥应用的基础上编制了重庆市公路工程行业标准《桥梁预应力及索力张拉施工质量检测验收规程》(CQJTG/T F81—2009),为桥梁预应力、索力张拉“精细化”施工提供了高效可靠的技术支撑和质量保障。本书与该规程配套出版,对该规程条文的技术背景做了全面、系统的阐释,为规程的贯彻执行和推广应用起到指南和向导作用。

本书由重庆交通大学、重庆忠诚预应力工程技术有限公司和重庆高速公路集团有限公司的科研、技术和管理人员合作完成。限于作者水平,书中疏漏之处在所难免,恳请读者不吝赐教。作者联系方式,电子信箱:zcjsgs@163.com 或 piqueuni@163.com;书面来函请寄:重庆市南岸区学府大道66号,教育部山区桥梁结构与材料研究中心预应力技术研究部(邮编:400074)。

作　者

2010年2月

目　　录

第一章　现代桥梁预应力和索力

第一节　预应力混凝土桥梁与预应力技术

预应力混凝土(PC),就是构件在使用荷载作用前,预先人为地在混凝土中引入内部应力,且其值和分布能将使用荷载产生的应力抵消到一个合适的程度。也就是说,按照一定的应力大小和分布规律,预先对钢筋混凝土构件施加压应力(或拉应力),使之建立一种人为的应力状态,以便抵消使用荷载作用下产生的拉应力(或压应力),从而使混凝土构件在使用荷载作用下不致开裂,或者减小裂缝开展的宽度。

预应力混凝土结构经过半个多世纪的发展,从理论、材料、工艺到应用,都取得了巨大的发展和成就。其设计和施工技术的发展,在桥梁结构方面最具有代表性。

一、预应力混凝土桥梁的发展

1. 现代预应力混凝土桥梁的诞生

1886 年,美国人 Jackson P. H. 提出了在圬工拱桥中使用预张拉紧的钢系杆的概念。

1888 年,德国人 Doehring C. E. W. 发明了混凝土内埋置预应力钢筋的板和小跨径梁,并获得专利。

1908 年,美国人 Stainer C. R. 认识到混凝土徐变和收缩对预应力损失的影响,并提出后期补张拉的方法。

1926 年,法国人 Freyssinet E. 在认识到普通钢筋无法克服混凝土徐变收缩造成的预应力损失后,开始采用高强钢丝(极限强度 1725MPa,屈服强度 1240MPa,与今天使用的高强钢材强度基本相当)。

1937 年,第一座体外预应力混凝土桥梁——德国的萨克森州奥厄公路桥建成,为体外预应力混凝土悬臂桥,跨径布置为 25.20m + 69.00m + 25.20m;1938 年,第一座体内预应力混凝土桥梁建成。

1939 年,Freyssinet E. 发明了锥塞锚体系用于后张法预应力混凝土锚固。

该体系后被称为弗氏锚体系(图1-1),弗氏本人也被认为是现代预应力混凝土(桥梁)之父。

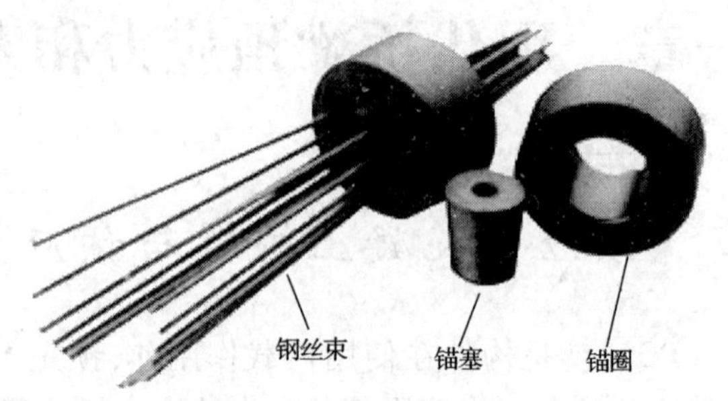

图1-1　弗氏锚体系

从预应力混凝土概念的提出到预应力混凝土桥梁结构的工程实现历程来看,工业化生产的预应力材料(包括高强混凝土和高强钢材)和器具、设备起到了关键性的基础支撑作用。没有高强预应力材料和可靠的器具、设备,就难以在混凝土结构中建立并持久保存期望的预应力,也就难以实现轻型、大跨和重载的预应力混凝土桥梁工程奇迹。因此,预应力作为一个非常古老的概念,虽然早就蕴含在人们的日常生活当中(比如人们对木桶桶箍、自行车辐条进行预张紧以抵消使用中的不利应力状态等),但只有借助现代材料、设备等技术手段解决了施工和耐久使用等实践层面的问题,才能走向大规模的工程应用,进而使得桥梁等结构工程的面貌得以深刻地改观。

2. 第二次世界大战后桥梁工程中预应力混凝土技术的突飞猛进

(1)第二次世界大战后欧美大量桥梁的修复和新建

1948年,法国人Freyssinet E. 采用预应力混凝土技术修复了巴黎以东马恩河上的5座桥梁。

第二次世界大战后,预应力混凝土技术在比利时、英国、德国、瑞士、荷兰等国也快速发展;1949～1953年间修建的500座桥梁中,就有350座预应力混凝土桥梁。

1950年,比利时设计建造了Sclayn等数座体外预应力桥;1952年,古巴建造了美洲第一座体外预应力桥——Canas河大桥,该桥采用三跨连续箱梁结构,跨径布置为15m+76m+15m。

20世纪70年代中期,世界上第一座采用后张法预应力筋的双预应力混凝土简支梁桥——阿尔姆桥在奥地利建成,其跨径达到76m,高跨比为1/30.4。

20世纪80年代以后,国外建成的大跨度预应力连续刚构桥有澳大利亚给脱威桥（主跨260m）、挪威 Stolma 桥（主跨301m）和拉夫特桥（主跨298m）。

(2)预应力技术用于发展悬臂现浇施工方法

1950 和 1951 年，Finsterwalder 与联邦德国的 Dyckerhoff 和 Widmann 公司，在 Neckarrews 等桥的设计和施工中首次将预应力混凝土技术用于悬臂现浇施工桥梁。

1962 年，不设中间铰的悬臂现浇施工预应力混凝土连续桥梁被许多国家认可和接受。

20 世纪 70 年代之前，美国的分段施工预应力混凝土桥梁绝大多数采用悬臂现浇施工技术。图 1-2 为多跨连续刚构桥利用平衡悬臂现浇施工的情形。

图 1-2 利用预应力技术进行多跨连续刚构桥的平衡悬臂现浇施工

(3)预应力技术用于节段预制拼装施工

1945～1948 年，Freyssinet E. 首次采用分段预制拼装施工法。

1952 年，Freyssinet E. 的公司第一次采用了设置剪力键的密接匹配预制法。

1962 年，Jean Muller 对节段剪力键构造、密接匹配预制及拼装工艺进行了改进，从此该技术从法国推广到全世界。图 1-3 为连续梁桥的预制节段拼装。

图 1-3 利用预应力技术进行连续梁桥的预制节段拼装

(4)预应力技术用于顶推施工方法

1962～1963 年,Leonhardt 等在委内瑞拉的 Rio Caroni 桥施工中首次使用了顶推施工技术。

1972 年,加拿大的 Val Ristel 桥又发展了预应力混凝土弯梁桥曲线顶推技术。图 1-4 为连续梁桥的顶推施工。

图 1-4 利用预应力技术进行连续梁桥的顶推施工

(5)预应力桥梁的标准化

20 世纪 40 年代后期,标准设计的预应力混凝土工字梁、T 形简支梁得到了较大发展,如美国国家公路与运输协会(AASHTO)、预应力混凝土协会(PCI)推荐的各类标准设计图;更大跨径和体量的桥梁预制梁(件)标准设计也被 PCI 和波特兰水泥协会(PCA)推荐,以适应桥梁建设机械化、标准化和快速化的要求。

第二次世界大战使得欧洲的交通基础设施破坏殆尽,建设和发展成为战后世界各主要国家的政策重点,这就为刚刚诞生的预应力混凝土桥梁结构提供了有利的发展契机和广阔的应用空间。第二次世界大战后桥梁预应力技术的发展一方面体现在结构体系和构造措施方面的进步,如预应力混凝土连续梁桥、连续刚构桥的出现和发展;另一方面还体现在现代化桥梁施工方法和工艺的突飞猛进,如平衡悬臂现浇、预制节段拼装及顶推等先进施工方法,其实施过程本身,包括施工组织、施工安全以及结构线形和应力状态的演进等,无一不依赖于预应力的精确施加和调控。可以说,在现代化预应力混凝土桥梁建设过程中,预应力既是目的(成桥应具备期望的预应力状态),也是手段(施工过程的核心技术环节)。只有当预应力技术作为目的和手段统一起来后,现代化轻型、大跨和重载预应力混凝土桥梁才不再仅仅停留在可能性上,而是获得了技术和经济上的现实可行性,进而在全世界范围内迅速得到推广应用。

3. 预应力混凝土桥梁在国内的发展

我国从解放后不久就开始研究预应力混凝土在桥梁上的应用。1956 年,在东陇海铁路上,成功修建了一座28孔、跨径为23.8m的预应力混凝土铁路桥。1957年,在京周公路上,又修建了第一座跨径为29m的简支T形梁预应力混凝土桥。从此以后,我国预应力混凝土结构在桥梁中的应用得到了迅速的发展。

1980年建成的重庆长江大桥,是主跨为174m的三向预应力混凝土箱梁结构。1988年在浙江飞云江上修建的预应力混凝土T形梁桥,最大跨径达62m。1990年建成的云南六库怒江桥,采用预应力混凝土连续梁,最大跨径达154m。

1988年建成的广东洛溪大桥(主跨180m),开创了我国修建大跨径预应力混凝土连续刚构桥的先例。十多年来,全国范围内建成的预应力混凝土梁桥,跨径大于120m的有74座。世界已建成17座跨度大于240m的预应力混凝土梁桥,中国占7座。1997年建成的虎门大桥辅航道桥(主跨270m),其跨度为当时预应力混凝土连续刚构桥世界第一。近几年相继建成了泸州长江二桥(主跨252m)、重庆黄花园大桥(主跨250m)、重庆高家花园大桥(主跨245m)、贵州六广河大桥(主跨240m)等等,近期还将建成一大批大跨径的预应力混凝土连续刚构桥。2006年8月28日竣工通车的重庆石板坡长江大桥复线桥,主通航孔采用预应力混凝土—钢组合连续刚构,跨径达330m,成为同类桥梁世界第一跨。我国大跨径预应力混凝土连续刚构桥和连续梁桥的建桥技术,已居世界领先水平。

4. 预应力混凝土技术的比较优势

与普通钢筋混凝土相比,预应力混凝土具有下列明显优势:

(1)提高构件的抗裂性、刚度和耐久性

在预应力混凝土构件中,由于预应力的存在,构件在使用荷载作用下不会出现或大大推迟出现裂缝,构件全截面工作,刚度得到充分利用;内埋钢筋得到更好的锈蚀防护,构件耐久性提高。

(2)节省材料、降低自重

预应力混凝土结构采用高强混凝土和高强钢材,且可实现全截面工作,因此高强材料的刚度和强度特性能够得到充分发挥,材料用量和结构自重大幅降低,为大跨、重载结构的实现奠定了基础。

(3)减小混凝土梁的竖向剪力和主拉应力

预应力混凝土梁的纵向竖弯预应力筋可抵消支座附近弯剪区段的部分荷载剪力;竖向预应力筋和纵向预应力筋分别在各自方向上提供的混凝土预压应力可以大大减小荷载作用下的主拉应力,这就使得主梁腹板厚度可以减薄,主梁自重进一步减小。

(4)结构质量安全可靠

施加预应力时，钢材和混凝土同时经受了一次强度检验，材料和工艺缺陷往往在施工阶段可以暴露出来并及时得以解决，为后期使用阶段提供了可靠的工程质量保障。

(5)催生了新的施工方法和结构体系

此外，预应力还可以改善结构的耐疲劳性能。由于在钢筋截面上保存有较高的预应力值，由使用荷载引起的应力变幅相对较小，从而引起疲劳破坏的可能性也会降低。

另一方面，也应该看到预应力混凝土技术工艺更复杂，需要的专门设备更多、费用更高，预应力反拱度随时间发展难以估计和控制等，预应力混凝土技术的使用也应有适度的范围和边界。

二、预应力混凝土桥梁的技术特点

如果要用一句话来概括预应力混凝土桥梁的技术特点，那就是：预应力是预应力混凝土桥梁的生命。这一技术特点可以从以下几个方面来进行理解。

1. 有关预应力基本概念的不同观点

对预应力在预应力混凝土桥梁中的核心地位和作用，工程界从不同角度出发，形成了不同的观点。

(1)预应力使得混凝土变成拉压性能基本对称的线弹性材料

这也是预应力混凝土之父——Freyssinet E. 本人的基本观点。没有预存压应力的混凝土材料是抗压不抗拉的脆性材料，只能用于受压结构和小跨受弯结构；然而一旦通过张拉预应力筋给混凝土施加预压应力，得到的预应力混凝土就可以根据需要获得期望的抗拉性能，赋予结构设计和施工以极大的灵活性。

由此观点，产生了无拉应力（或称全预应力）的预应力混凝土结构设计、施工准则。即在施工或使用阶段，通过预应力平衡和抵消施工或使用荷载产生的拉应力，结构混凝土的应力叠加效果为压应力，因而不会再出现混凝土受拉开裂的情况，构件截面刚度可以得到充分利用，结构后期耐久使用性能也能得到更好的保障。无拉应力准则也是目前大多数预应力混凝土桥梁设计和施工遵循的通行准则。

然而，要真正达到无拉应力准则的要求，就需要首先对施工或使用荷载在结构中的作用效应进行准确的预估，并基于荷载应力的特性设计适当的预应力大小和分布；更为重要的是，需要通过精细化的预应力张拉施工，使得桥梁结构自预应力工程开始直至竣工成桥，其应力状态始终能够准确实现设计意图，全程满足无拉应力准则。众所周知，预应力张拉施工工序多、技术难度较大，结构获得的有效预应力取决于材料、器具、设备及张拉操作工艺等诸多细部环节，需要有高效可靠的全过程控制手段进行严格规范和跟踪调节，才能确保预应力张拉的对称、均匀和精准到位，这就对预应力张拉测控技术提出了很高的要求。

(2)预应力使得高强钢材和高强混凝土有效匹配工作

这种观点将预应力混凝土视为由高强钢材和高强混凝土匹配结合形成的复合材料。预应力混凝土中常用高强钢材的极限抗拉强度在1800MPa左右，在强度充分利用之前需经历很大的伸长应变。如果按照普通钢筋混凝土的方法简单地将高强钢筋包裹在混凝土里，则混凝土在钢筋应力达到强度之前将会出现非常严重的开裂，不能满足结构耐久使用的要求。

在普通钢筋混凝土结构中，直到荷载作用下混凝土开裂后钢筋应力才会有明显的增加，可以认为钢筋是在被动地发挥抗拉作用。而在预应力混凝土结构中，高强钢筋在使用前就已被张拉至很高的应力，余留对应于承担使用荷载的拉伸应变被限制在合适的范围，由此可以认为高强钢筋是在主动发挥抗拉作用：即利用自身抗拉强度和极限拉应变均很高的优势，预支相当部分的拉伸应力和应变用于改善混凝土抗拉性能，从而使得高强钢材和高强混凝土在使用荷载下能够有效匹配工作。将预应力引入钢筋混凝土结构，既能充分利用高强材料性能，又能实现混凝土不开裂或有限开裂，结构耐久性得到可靠的保障。

(3)预应力实现荷载平衡

该观点由已故美籍华人林同炎首先提出，认为在混凝土结构中预加应力的目的是为了平衡施加在结构上的外荷载，或者认为预应力的作用等效于与外荷载反向的预加荷载。不同的预应力筋布置线形等效为不同形式的反向荷载，如与构件轴线平行的预应力筋等效为轴向压力，主梁中抛物线形的预应力筋等效为竖直向上作用的均布荷载，等等。预应力实现荷载平衡的观点概念清晰简洁，大大简化了复杂结构的预应力设计和分析工作，在实践中具有较大的应用价值。

2. 使用日趋复杂的三向预应力

最初预应力混凝土结构中只布置纵向预应力筋，用于平衡荷载在桥梁纵向产生的弯矩效应。随着桥梁跨径增大，截面形式由简单的实心矩形向T形、空心箱形等形式发展，主梁竖向抗剪以及桥面板横向局部受力越来越受到关注，相应地，竖向预应力和横向预应力逐渐被引入混凝土桥梁中，分别用于抵抗荷载在主梁腹板产生的主拉应力和桥面板局部横向荷载弯矩。三向预应力的功能要求、布置方式和施工条件均不相同，在工程实践中应视各自特点，采取有针对性的合理措施。

(1)纵向预应力

纵向预应力是实现预应力混凝土桥梁纵向抗弯的关键手段，对成桥线形和应力状态起到决定作用，直接影响后续桥梁的安全正常使用和耐久可靠性能。

纵向预应力的配束方案通常根据受弯梁的弯矩包络图确定。按照结构挠度计算的基本理论，预应力混凝土桥梁主梁挠度由预加力引起的上挠度和外荷载（静、动载）所产生的下挠度两部分组成，即：

$$w_1 = -\eta_{\theta,pe}\delta_{pe} + \eta_{\theta,Ms}w_{Ms} \tag{1-1}$$

式中：w_1——荷载短期效应组合并考虑长期效应下的总挠度；

δ_{pe}——永存预加力所产生的上挠度；

w_{Ms}——由荷载效应组合计算的弯矩值引起的挠度值；

$\eta_{\theta,pe}$——预加力反拱设置考虑长期效应的增长系数；

$\eta_{\theta,Ms}$——短期荷载效应组合考虑长期效应的挠度增长系数。

由式(1-1)可见，为保证桥梁线形与安全，纵向预应力所产生的上挠度应能抵消荷载引起的下挠度；当预加力产生的长期反拱值小于按荷载短期组合计算的长期挠度时，应设置预拱度。

合理确定预加力作用点的位置对预应力混凝土梁至关重要。在弯矩最大的跨中截面处，应尽可能使预应力钢筋的重心降低，使其产生较大的预应力负弯矩（$M_p = -N_pe_p$）来平衡外荷载引起的正弯矩。如令 N_p 沿梁近似不变，则对于弯矩较小的其他截面，应相应地减小偏心距 e_p 值，以免由于过大的预应力负弯矩而引起构件上缘的混凝土出现拉应力。通过精准的预应力张拉施工，N_p 作用点的位置应严格按设计要求落在束界区域内，以保证构件在最小外荷载和最不利荷载作用下，其上下缘混凝土均不会出现拉应力。

纵向预应力还会引起横向变形。一方面，由于纵向预应力张拉吨位较大、作用较为集中，根据泊松比效应，混凝土产生的横向变形也较大；若构造钢筋不足、预压区混凝土厚度过小，可能会引起混凝土沿预应力筋方向出现受压开裂。另一方面，在主梁同一断面上，如果纵向预应力张拉施工的对称均匀性不够好，可能会造成主梁横向挠曲甚至发生扭转变形，导致主梁线形和应力状态偏离正常设计要求。

对大跨桥梁，纵向预应力束连续长度较大，单束含筋量多、张拉吨位高，力筋布置受束界严格限制，预应力筋的管道定位、梳编穿束、张拉和管道灌浆难度均很大，管道摩阻引起的预应力损失受很多不确定性因素影响难以准确估计，预应力张拉施工的跟踪检测和实时控制显得尤为重要。近年来，针对这一问题的研究逐渐引起工程界的重视，一些研究对纵向预应力筋长束张拉施工中初应力、控制应力持荷时间等工艺参数进行了较为详细的试验测试，并推荐了相应的控制手段和措施。

(2)竖向预应力

随着预应力混凝土桥梁跨径的增大，减薄主梁腹板以减轻结构自重成为必然的要求。然而，主梁腹板是荷载产生的剪应力峰值分布区，腹板减薄后，其抗剪能力相应弱化，应通过预应力技术予以人为加强。经过大量理论和实践探索，工程应用中通常采用竖向预应力与纵向预应力的竖弯相匹配，来共同抵消荷载作用下腹板区域较高的主拉应力，消除使用荷载下可能产生的危险的斜裂缝。

配置竖向预应力筋也可视为是对普通钢筋混凝土梁中箍筋的革新。按照结构设计原理可知，配箍筋的普通钢筋混凝土梁，当其剪弯区域腹板斜裂缝出现前，箍筋的应力很低、作用不明显；只有当斜裂缝出现并穿过箍筋后，箍筋的应力才会突增，箍筋的抗剪作用才会显示出来。然而，无论是预应力混凝土还是普通钢筋混凝土梁，在正常使用极限状态下都不希望出现斜裂缝。普通钢筋混凝土梁在正常使用状态下主要通过剪弯区段加厚的腹板混凝土自身来抵抗荷载产生的主拉应力，从而消除使用阶段斜裂缝。而预应力混凝土梁在减薄腹板以获得更轻自重和更大跨越能力时，腹板混凝土单靠自身难以抵抗荷载产生的主拉应力，必须对普通腹筋按照预应力原理进行改造，即通过对竖向布置的高强钢材进行预张拉，从而获得腹板混凝土预压应力。此外纵向预应力筋的适当竖弯，也能主动提供部分抗剪能力。

然而在实践中竖向预应力的施工质量往往难以控制，主要原因归结起来有：①竖向预应力筋长度相比纵向预应力筋小得多，达到同样的张拉控制应力水平时力筋的伸长量也小很多，因而其有效预应力水平对张拉控制精度以及各类预应力损失因素均非常敏感；②目前常用的精轧螺纹钢类型的竖向预应力筋，预应力总损失可达初始张拉应力的45%以上，其中锚具变形、钢筋回缩和接缝压缩引起的预应力损失往往占到总损失的50%以上，该项损失在钢材、锚具质量稳定的情况下，受张拉、锚固操作工艺的影响而波动很大，其张拉施工控制技术还有待改进和提高；③国内外对预应力损失的研究，大多针对桥梁纵向预应力损失，而对竖向预应力损失的研究还较少，可供参考借鉴的成功经验不多。

近年来，国内部分预应力混凝土连续箱梁桥、连续刚构桥在运营阶段出现了主梁腹板斜裂缝等通病，严重危及桥梁的安全和耐久使用性能。经分析研究，这些病害与竖向预应力张拉施工质量有紧密关联，已引起了工程界的重视。部分有针对性的措施研究也逐渐开展，如《公路钢筋混凝土及预应力混凝土桥涵设计规范》(JTG D62—2004)考虑到“竖向预应力较困难的施工条件”，给出在计算主梁腹板混凝土主应力时对竖向预应力钢筋产生的混凝土竖向预压应力乘以系数0.6进行折减的对策；也有研究者提出加强施工质量管理、采用滞后张拉工艺、对竖向预应力筋进行二次张拉等应对措施。事实上，如果能够利用高效快捷的手段对施工现场竖向预应力进行实时跟踪抽样检测（允许的情况下可进行全部检测控制），发现其关键工艺参数和施工质量之间存在的规律并用于指导和控制张拉操作，是解决竖向预应力施工质量问题的最直接、最有效的方法。

（3）横向预应力

对主梁桥面板在横向腹板间跨径较大或腹板外悬臂宽度较大的桥梁，应为桥面板配置横向预应力筋以协助抵抗使用荷载产生的局部横向弯矩。采用横向预应力可增大桥面板和悬臂部分横向刚度，减少腹板数量和下部结构工程量，从而降低上部结构自重并节省下部工程造价；横向预应力还可以起到防止桥面板温度和收缩裂缝的作用。

对大跨桥梁而言，为了尽量减轻上部结构自重，桥面板厚度一般较小，因此横向预应力筋（一般为体内有粘结形式）布设安装的空间非常有限，施工中预应力管道位置和线形需严格精准控制。否则，一旦出现预应力管道上浮等施工质量问题，再施加预应力就难以达到预期的效果，甚至会产生相反的效果。

3. 高强、高性能预应力材料

（1）高强、高性能混凝土

预应力混凝土技术是适应结构轻型、大跨的需求而不断发展的，这就对混凝土材料的物理力学性能提出越来越高的要求。国内外一般称强度指标低于C50的混凝土为普通混凝土，高于C50的为高强混凝土（High-Strength Concrete，HSC）。后者相比前者有几项重要的优势：①强度、弹性模量高；②徐变、收缩小；③防渗、抗冻融、抗碳化、抗氯离子等性能好。因此，同样跨度的预应力混凝土结构，采用HSC可以节省混凝土方量、自重和工时，降低收缩、徐变引起的结构内力、变形等次效应，同时HSC的高密实度能够使内埋钢材得到更好的防护，从而结构耐久性得以改善。因此，预应力混凝土桥梁采用HSC，具有明显的综合技术经济效益。

从20世纪60年代开始，美国、挪威等国家大量使用强度为41MPa的混凝土，1965年开始采用52MPa的混凝土，1982年达到75MPa并开始试用76.6MPa的混凝土，1987年开始使用117MPa的混凝土，1988年跃为133MPa。1970～1986年，美国、日本、加拿大在公路、铁路桥梁中使用了41.4～78.6MPa的混凝土。现在部分发达国家已经具备在现浇整体和预应力混凝土结构中大量采用140MPa混凝土的可能性。相应地，各土木工程强国均针对HSC制定了技术标准：挪威标准 NS3473 达 C105；瑞典标准达 C75；日本标准达 C80；德国和法国标准达 C60 ~ C65；英国标准 BS8110 达 C80；罗马尼亚技术规程 C137/1—89 和俄罗斯标准 CHIIII2.03.01 达 C60；美国标准 AC1318 中没有包括强度上限，但是在美国实际结构中 HSC 应用最广；我国建设部《高强混凝土设计建议》中已将混凝土强度等级提升到 C80。

高性能混凝土（High-Performance Concrete，HPC）是近年来混凝土材料发展的一个重要方向。所谓高性能，应指混凝土材料具有的技术经济指标达到人们对结构设计的某一或某些特定的目标期望。前面所提的“高强”只是高性能的一个主要方面。一般而言，HPC 具有下列某项或多项优良性能：①优良的施工性，能在正常施工条件下保证混凝土结构的密实性和均匀性，并尽量降低振动噪声和密实能耗；②强度高，尽量减少肥梁胖柱，并考虑到建筑的美学效果和结构挠度以及功能等方面的要求；③高耐久性；④具有某些特殊功能，如超早强、低脆性、高耐磨性、吸声、自呼吸特性等。可以预计，高性能混凝土的出现，会对预应力混凝土技术的发展提供更好的支撑。

（2）高强预应力筋材

正是由于 Freyssinet 率先引入高强钢材，才使得预应力混凝土技术得以走向实际工程应用。目前常用的预应力筋材主要有高强钢丝、钢绞线和精轧螺纹钢筋。预应力高强钢丝在生产上主要分为低松弛、普通松弛和冷拉三大类，从外形上可分为光面、刻痕和螺旋肋三种，直径 4 ~ 9mm，强度级别 1470 ~ 1860MPa；高强钢丝主要以平行钢丝束的形式用于预应力混凝土桥梁主梁，或以成品索的形式用于缆索支撑桥梁的吊索、吊杆、拉索、系杆等。预应力钢绞线也分为低松弛和普通松弛两大类，由 2、3 或 7 股钢丝扭绞形成，直径 8 ~ 15.2mm，强度级别 1470 ~ 1860MPa，可以方便地用于各种形式和规模的预应力混凝土结构。由于钢绞线相当于钢丝的集束使用，大大方便了预应力混凝土结构的设计和施工，目前世界各主要国家对预应力钢绞线的使用均远多于钢丝，发达国家这两者使用的重量比约为 3:1，我国的比例与之接近。

精轧螺纹钢筋具有连接、锚固简便，与混凝土的粘着力强、张拉锚固安全可靠、施工方便等优点，首先在联邦德国、日本、美国、英国等国家被逐步推广采用，近年来在国内的生产和应用发展也很快。精轧螺纹钢筋直径 18 ~ 40mm，强度级别 540 ~ 930MPa，多用于桥梁主梁腹板竖向预应力等直线布束的场合。

预应力钢棒起源于日本，20 世纪 80 年代中期引入我国，产品规格为 ϕ7.1 ~ 13.0mm，主要强度级别为 1420 ~ 1570MPa，低松弛、塑性好，外形上沿轴线方向均布有 3 ~ 6 条连续的螺旋形沟槽，与混凝土粘结锚固性能以及镦头、焊接性能良好,目前多用于预应力混凝土管桩、铁路枕轨和高架桥墩等,其市场前景和应用范围正逐步扩大。

今后预应力钢材的发展趋势主要是:①高强、高性能。热镀锌钢丝将达2000MPa、钢绞线将达2300MPa强度级别,其他主要性能指标不低于现有材料。②低松弛。低松弛预应力钢材将完全取代普通松弛钢材。③高耐腐蚀性。环氧涂层钢材、镀锌—铝钢丝、不锈钢绞线、超耐久防腐钢绞线以及缓粘结预应力筋等将逐步推广应用。④粗规格、大直径。直径3~4mm的钢丝将逐步淘汰,直径7mm以上的钢丝成为主流,由多层不同直径钢丝绞合而成的大直径钢绞线,直径将达17.8~21.8mm,以进一步方便工程应用。⑤变形规律化。螺旋肋(阳肋或阴肋)外形具有良好稳定的粘结锚固性能,将逐步取代光面或刻痕的高强钢材表面处理形式。

近年来,纤维增强聚合物(Fibre Reinforced Polymer,FRP)筋成为预应力筋材研究的热点,常见的有碳纤维(CFRP)筋、芳纶纤维(AFRP)筋、玻璃纤维(GFRP)筋、玄武岩纤维(BFRP)筋等。FRP绞线与高强钢丝的力学性能比较见表1-1。

FRP绞线与高强钢丝的力学性能比较 表1-1

材 料 类 型	抗拉强度(MPa)	密度(kg/m^3)	弹性模量(MPa)	极限拉应变(%)
AFRP绞线	1400~1820	1300	$(5.0\sim7.0)\times10^4$	2.0~4.0
GFRP绞线	600~900	2000	3.0×10^4	2.0
CFRP绞线	1900~2300	1500	$(1.5\sim4.2)\times10^5$	0.6~1.9
高强钢丝	1700~1900	7850	2.0×10^5	6.0

FRP预应力筋材与预应力钢材相比,具有以下特点:①强度—质量比高,为钢材的5倍;②极限拉应变较小,破坏呈脆性;③疲劳应力幅高(GFRP除外),为钢材的3倍;④静载长期与短期强度的比值低;⑤抗剪强度为钢材的1/5~1/4;⑥抗腐蚀性能好,无磁性、不导电、热膨胀系数小。

可以预见,预应力筋材无论是材料基质还是成品形式的发展,必将对预应力张拉设备和连接、锚固器具提出新的开发要求,也会对预应力张拉施工工艺及其测控技术提出新的挑战。

4.预应力器具

(1)预应力筋锚具、夹具和连接器

预应力筋锚固机理主要有摩阻式、承压式和粘结式三类。预应力筋锚具按锚固方式可分为夹片式、支撑式、锥塞式和握裹式四种,按功能可分为张拉端锚具和固定端锚具。夹具是预应力张拉施工过程中使用的临时性锚固装置(工具锚)。连接器用于接长预应力筋,并传递预加力。

对预应力筋锚具、夹具和连接器的技术性能要求,主要有可靠的锚固性能、足够的承载能力、良好的适用性和低预应力损失,并能方便张拉施工操作。在施工使用前,须对产品的上述性能进行严格、规范的试验检测。

(2)预应力筋管道和灌浆料

预应力筋管道是后张法预应力混凝土结构专用的预留管道管材,常用的有塑料波纹管、锌铁皮波纹管、钢管等,需要具有良好的形状适应性和一定的刚度,摩阻小、不漏浆。近年来,为适应体外预应力的发展,一种透明的体外索套管也正在开发当中,具有可透视检查灌浆质量、高防漏、高耐久、低摩阻、可补灌等优良性能。

预应力管道灌浆可以保护体内预应力筋免遭锈蚀,提供预应力筋和周围混凝土之间的粘结性能,并降低荷载作用下力筋和锚具的应力变幅,是预应力工程施工不可忽视的重要环节。现阶段预应力管道灌浆大都采用水泥浆,其主要性能指标包括凝结时间、强度、抗渗性、体积变化率(早期、后中期)、流变性能、泌水性能、氯离子含量等,需在施工现场通过试配、试验比较后确定。今后灌浆料可能的发展趋势是:预先附着在管道内壁的呈粉末、固体或凝胶状的灌浆基体材料,预应力筋张拉后灌水即反应形成完全填充的固化物。

5. 预应力张拉施工设备

预应力张拉施工设备主要包括:油泵—千斤顶,梳束板、卷扬机,制浆、灌浆设备,切割设备等。

油泵—千斤顶是预应力张拉施工的核心设备。目前在国内大多数施工现场,油泵—千斤顶既是张拉出力设备,同时也是自身出力大小的测读设备,因此其性能可靠度和指标准确度直接影响预应力施工质量,决定着有效预应力的大小和均匀度。因此,应严格按照相关规范规定,定期对油泵—千斤顶进行标定和调校。在有条件的情况下,应采用更加先进的传感元件和数字显示等手段,对张拉力进行跟踪测读,尽量避免机械和人为操作误差带来的预应力施工质量缺陷。

梳束板、卷扬机等梳编穿束设备,是使预应力筋顺利通过预留管道、防止力筋相互扭绞缠结、确保同束各力筋后续受力均匀的关键设备。若梳编穿束操作环节在施工过程中未受到应有重视,则往往容易造成预应力筋难以全部通过预留管道,同束力筋在管道内位置紊乱、长短不齐,张拉时同束各力筋应力高低不匀,严重时会发生断丝等质量问题。

高强钢材在高温条件下,其力学性能会迅速退化。因此在施工现场应避免对预应力筋束实施氧气切割和点焊绑扎,应采用机械切割、铁丝捆扎。

6. 预应力张拉施工检测控制

目前国内对预应力张拉施工的控制(同时对张拉力和预应力筋伸长值进行控制),大都还停留在采用人眼读数、手工操作与机械显示相结合的传统方法。采用这样的传统控制方法,操作过程受人为因素干扰较大,油压表压力和力筋伸长值读数准确度不高,多顶张拉时各顶张拉拉力同步性和对称性难以保证,同束预应力筋应力均匀度难以把握。可见,传统的预应力张拉施工工艺相对较为粗放:一方面,体现在过程控制的技术指标较少且过于笼统(只有张拉力和力筋伸长值两个宏观指标);另一方面,体现在指标数据检测手段(机械显示、肉眼测读)和控制调节手段(手工调节油阀)落后。

第二节　缆索承重桥梁与索力张拉调整

预应力技术在现代桥梁中的应用,并不仅限于典型预应力混凝土桥梁中体内和体外预应力的形式。在现代桥梁的另一大类结构——缆索承重桥梁(如斜拉桥,中、下承式拱桥,系杆拱桥以及悬索桥等)中,预应力技术也得到广泛应用,并以拉索力、吊杆力、系杆力、吊索力等形式出现(在这里统称为索力,与前述预应力混凝土结构中的预加力对应)。对比预加力和索力,两者的共同点在于,使用前通过人为施加并保存作用力,在结构中预先形成特定的应力分布和位形状态,以对应地平衡或抵消荷载作用产生的应力或位形效应;两者的区别在于,前者的载体——预应力筋附着在相应的主体构件上,在使用阶段被视为与主体构件作为整体构件,按照材料力学原理协调变形受力(体外预应力筋与主体构件的整体性稍差),而后者的载体——拉索、吊杆、系杆或吊索在桥梁使用阶段仍被视为相对独立的构件,按照结构力学原理与其他构件组成整体结构受力。但在实践层面,索力和预加力的建立都必须通过相似的张拉程序来实现,因此也同样适用前面提到的张拉测控技术。

一、斜拉桥和斜拉索

1. 国内外斜拉桥发展概况

斜拉桥被视为是一种由桥塔、斜拉索和主梁组成的组合体系桥梁,其中桥塔主要受轴心压力或小偏心压力,拉索轴向受拉,主梁受弯压。斜拉桥的构思在17世纪就已提出,但由于力学理论、计算手段、斜拉索材料和施工方法等方面的欠缺,直到19世纪下半叶也没有得到成功应用。1955年,世界第一座现代斜拉桥——瑞典新斯特罗姆海峡钢斜拉桥建成,主跨182.6m;世界第一座混凝土斜拉桥是1962年在委内瑞拉建成的马拉开波湖(Maracaibo Lake)桥,为多塔连续斜拉桥,主跨235m;1991年,挪威建成主跨530m的斯卡恩圣特(Skarnsunder)桥,至今仍是世界最大跨度混凝土斜拉桥;1994年建成的法国诺曼底(Normandy)桥,主跨856m,为当今世界最大跨径混合梁斜拉桥,主跨中段624m为钢梁,两边段各为116m预应力混凝土梁,边跨均为顶推法施工的预应力混凝土梁;1998年建成的香港汀九(Ting Kau)桥,为目前世界最大跨度三塔斜拉桥,两主跨分别长448m及475m;1999年建成的日本多多罗(Tatara)大桥,为主跨890m的钢斜拉桥,是20世纪世界最大跨度斜拉桥。

我国1975年在四川云阳建成第一座混凝土斜拉桥,主跨76m;1982年建成济南黄河公路混凝土斜拉桥,主跨达到220m;1991年建成上海南浦大桥,主跨423m,开创了我国修建400m以上大跨度斜拉桥的先河,之后大跨径斜拉桥如雨后春笋般地发展起来;2008年通车的苏通长江大桥,主跨1088m,创造了最深桥梁桩基础、最高索塔、最大跨径、最长斜拉索等4项斜拉桥世界纪录。总体来说,我国斜拉桥设计、施工水平已迈入国际先进行列,部分成果达到了国际领先水平。

2. 斜拉索的技术特点和索力张拉测控

(1)斜拉索的多重功能

与其他缆索承重桥梁体系相比,斜拉索是斜拉桥最为突出的特点。斜拉索为主梁提供多点弹性支撑,使得主梁在使用荷载作用下获得类似于多跨连续梁的工作性能特点,截面尺寸比相同主跨其他桥梁截面尺寸小得多,从而大大减少主梁材料用量和自重,大幅提高桥梁的跨越能力。此外,斜拉索将主梁和主塔弹性连接起来,形成高次超静定结构,从而可以通过斜拉索的张拉来调整主梁和主塔的恒载内力和位形状态。索力调整合理的斜拉桥,在恒载作用下,主梁弯矩和剪力图与对应多跨连续梁接近,塔柱基本只承担轴心压力。

在斜拉桥主梁施工最常采用的悬臂施工方法中,斜拉索被用来逐段扣拉主梁,为主梁提供竖向支撑的同时利用自身水平分力对主梁施加轴向预压力。这对于混凝土主梁而言具有特殊的重要意义,省去了额外的预应力工作,减轻了施工荷载,充分发挥了斜拉桥的结构优势,使斜拉桥成为大跨桥梁的有力竞争者。

为充分发挥斜拉索的多种功效,伴随着斜拉桥跨径的不断增大,斜拉索逐渐由稀索体系演变为密索体系,可谓现代斜拉桥诞生50多年以来最大的变化和进步。密索体系成为主流,其优点在于:①主梁弹性支撑间距减小,恒载弯矩峰值迅速下降,在满足压弯稳定的前提下,主梁高度可大大降低;②单索张拉力较小,张拉设备轻量化,锚固点构造简单化,锚固点附近加强区域缩小;③拉索密度增大后，利用斜拉索进行悬臂施工，可以减少甚至无需辅助支撑；④单索截面较小、自重减轻，便于工厂制造，成品索质量可靠，且拉索在使用过程中更换比较方便。密索体系为斜拉桥恒载内力调整提供了更大的灵活性和空间，但也对斜拉索张拉施工工艺和测控技术提出了更为精准的要求。

(2)斜拉索的构造和锚具

目前斜拉索均为钢索，未来质量更轻、耐久性更好的高强 FRP 斜拉索可能会逐步得到工程应用。钢斜拉索通常由高强度钢筋、钢丝或钢绞线按一定规律组编成钢束制成，目前最常用的是平行钢丝索和钢绞线索。

平行钢丝索按照钢丝集束方式又可分为平行钢丝股索、平行钢丝索和半平行钢丝索，采用直径 5mm 或 7mm 高强(镀锌)钢丝，标准强度在 1600MPa 以上。半平行钢丝索在工厂制造时，将钢丝平行并拢后同心同向做轻度扭绞(扭角约为 2°~4°)，再用包带扎紧，最外层直接热挤裹覆单层或双层聚乙烯护套。成品索便于卷绕成盘和长途运输，是近年来最为流行的平行钢丝索类型。与平行钢丝索相配的锚具多为镦头锚或冷铸镦头锚。

钢绞线索由多股钢绞线平行或轻度扭绞组编形成，其标准强度可达 1860MPa。钢绞线索可在现场制作，也可在工厂制成成品索然后运到工地使用。现场制作时，钢绞线逐根穿入对应锚固点前方预埋的钢套管内并单根张拉，安装重量小，且可采用小千斤顶张拉大斜拉索，因此平行钢绞线索比较适合大跨斜拉桥的超长、超重斜拉索；但由于现场制作的平行钢绞线索内各根钢绞线是逐次张拉锚固的，锚下有效预应力前后相互影响，整索预应力均匀度和索力大小控制难度较大，因此条件允许时也可用大千斤顶整索一次张拉或调整索力到设计值。与钢绞线索相配的锚具多为夹片式群锚。

斜拉索用镦头锚、夹片群锚在原理、构成和张拉操作上均分别与常规预应力混凝土镦头锚和夹片群锚类似，只是在锚具前端增加了连接钢筒，以便于与拉索在锚固端头附近的防护钢管相连并实施油脂灌注等多种形式的防腐。张拉端冷铸镦头锚由带锥形内腔(口小底大)的锚杯、钢丝定位板、锚环、锚垫板和连接钢筒等部件组成。工厂制作时，当钢丝通过锚杯锥形内腔再穿过定位板并镦头就位后，特制的环氧—铸钢丸混合料被注入并填充锚杯锥形内腔的剩余空隙。环氧固化后，铸钢丸形成楔压支撑骨架，对钢丝形成锚固，正常情况下钢丝拉力不会传递到定位板，镦头只作为安全储备。镦头锚、冷铸镦头锚与张拉千斤顶通过拉杆连接，可以整索一次性张拉至设计拉力值；夹片群锚与合适的千斤顶匹配，可以实施单根钢绞线逐次张拉，也可整索钢绞线一次张拉。

(3)斜拉索索力张拉测控

由于斜拉索拉力对斜拉桥成桥时恒载内力和线形起决定性作用,因此无论是主梁悬臂施工阶段斜拉索初拉力的确定和实施,还是主梁合龙后斜拉索索力的优化调整,均是斜拉桥施工测控的核心关注内容。目前针对斜拉索合理索力的确定可选刚性支撑连续梁法、零位移法和数学优化方法(如影响矩阵法)等,并有较为成熟的专业计算程序可以使用。然而,要在施工中准确达到优化的合理索力,需要通过对斜拉索张拉进行全过程测控,实施精细化施工,才能实现。斜拉桥主梁纵向同一断面上两侧斜拉索应同步张拉,锚固后两侧索力大小应对称相等;对采用钢绞线索的斜拉桥,同一斜拉索内多股钢绞线若逐根张拉锚固,应采取合适的控制策略来消除张拉过程中结构逐次弹性变形造成的各根钢绞线拉应力损失不一致的问题,在实现总索力准确的同时保证同一索内各根钢绞线有效拉应力的均匀性,使得在使用荷载作用下各根钢绞线的疲劳寿命基本一致,以免发生部分钢绞线提前疲劳断裂的事故。

二、悬索桥和拱桥的索力张拉测控

1. 悬索桥的体系类型及吊索的张拉测控

悬索桥是由桥塔、主缆、锚固系统、吊索和加劲梁组成的承载结构体系,加劲梁通过吊索悬挂在由桥塔支撑的主缆上。悬索桥主缆抗弯刚度很小,可视为柔性,加劲梁刚度也不大,悬索桥的竖向刚度主要来源于结构自重产生的重力刚度,这对大跨悬索桥而言更为显著。悬索桥主缆能够最大限度地利用高强钢材的强度和桥梁主跨巨大自重形成的重力刚度,跨越潜力在所有桥梁结构体系中是最大的。在19世纪末,悬索桥跨径即已突破300m。1931年,美国建成乔治·华盛顿(George Washington)桥,主跨1066m;1937年,建成主跨1280m的金门(Golden Gate)大桥。这些早期的大跨悬索桥均采用钢桁架加劲梁。第二次世界大战后,欧洲各国开始采用抗风性能更好的流线型薄壁钢箱加劲梁,其初期代表作为1966年建成的主跨988m的英国塞文(Severn)桥;此后欧美、日本相继建造了一批超大跨悬索桥,如1998年建成主跨1624m的丹麦大贝尔特(Big belt)大桥,同年建成主跨1990m的日本明石海峡(Akashi Kaikyo)大桥;更大跨度的悬索桥已开始兴建或筹建:意大利正在建设连接本土和西西里岛的墨西拿海峡大桥——主跨3300m的悬索桥,印尼正在筹建2300m的巴厘海峡吊—拉协作体系桥。

改革开放后,我国相继建成了主跨452m的汕头海湾大桥(1991年)、主跨900m的西陵长江大桥(1996年)、主跨888m的虎门大桥(1997年)、主跨960m的宜昌长江公路大桥(2001年)、主跨1377m的香港青马桥(1997年)、主跨

1385m 的江阴长江大桥(1999 年)、主跨 1490m 的江苏润扬长江公路大桥(2005 年)、主跨 1650m 的浙江舟山西堠门大桥(2009 年)等多座大跨、超大跨悬索桥,进入悬索桥技术的世界先进行列。

悬索桥按照锚固体系的原理可以分为地锚式悬索桥和自锚式悬索桥。大多数悬索桥,特别是大跨悬索桥都是地锚式悬索桥。地锚式悬索桥主缆拉力由桥梁端部的锚碇(或岩锚)传递给地基,对地基承载力、稳定性提出了较高的要求。自锚式悬索桥的主缆水平拉力直接传递给加劲梁,为承受巨大的压力,加劲梁截面必须增大,因而跨越能力受到限制。自锚式悬索桥在 100 ~ 300m 跨度范围内具有较强的经济性和竞争力。1915 年,德国在莱茵河上建造了第一座大型自锚式悬索桥——科隆—迪兹桥,主跨 185m;之后于 1929 年又建成科隆—米尔海姆桥,主跨 315m,目前仍保持着自锚式悬索桥的跨径纪录;日本 1990 年建成的北港桥(跨径 300m)、韩国 1999 年建成的永宗大桥(跨径 300m)是近年来具有代表性的自锚式悬索桥;国内 2009 年建成跨径 219m + 167m 的单塔自锚式悬索桥——广州猎德大桥;即将竣工的美国旧金山—奥克兰新海湾桥包括 1 座单塔自锚式悬索桥和 2 座双塔自锚式悬索桥,其中单塔悬索桥跨径为 385m + 180m,建成后将成为世界上最大的自锚式悬索桥。

地锚式悬索桥的施工,一般是先修筑锚碇和索塔,然后施工猫道、架设主缆,然后安装吊索、拼装加劲梁,最后成桥。吊索安装与梁段拼装过程中,其长度和索力基本不变,吊索索力一般不需反复张拉调整,加劲梁成桥线形直接通过吊索的下料长度来控制。但就自锚式悬索桥而言,由于主缆锚固在刚度较大的加劲梁上,因此先要在满堂支架上现浇加劲梁,然后架设、锚固主缆,安装吊索,再分级多次张拉吊索使主梁脱架,最后成桥;其施工工艺决定了主缆的空缆状态和成桥状态差别很大,而主梁的位置变化不大,成桥设计线形对应的各吊索长度大都小于空缆时主缆到主梁的对应距离,故在吊索张拉过程中吊索需要接长;同时受吊索承载能力、张拉设备的数量和能力、主梁和主塔的承载能力限制,全部吊索必须经过逐级多次张拉调整才能达到设计值。既然自锚式悬索桥吊索恒载轴力的大小决定着主缆、加劲梁的成桥线形和加劲梁的恒载弯矩,那么,采用合理的吊索索力张拉方案(包括索力大小、分级和张拉顺序)和监测控制手段,就成为决定自锚式悬索桥施工成败的关键。此外,地锚式悬索桥的主缆锚跨段(从散索鞍散出到在锚面锚固这一范围)和自锚式悬索桥的主缆边跨段,在施工过程中均须对主缆索股施加适度的张拉力,以保证成桥时主塔偏位和主缆主跨垂度等指标在设计控制范围内。

目前,自锚式悬索桥的吊索大多采用类似于斜拉桥斜拉索的成品索,配套锚具多为镦头锚、冷铸镦头锚。

2. 拱桥吊杆和系杆的张拉测控

拱桥是非常古老和成熟的桥型，也是一种活力长青的结构体系。拱桥主要由主拱圈、桥面系和支撑桥面系的连接系构成。随地形、地质条件以及桥面高程和造型景观等方面要素的变化，拱桥桥面系和连接系的位置、形式也各不相同。拱桥按桥面系的位置可分为上承式、中承式和下承式三种类型，三者的连接系分别为全拱上立柱/横墙或实腹填料、拱下吊杆与拱上立柱的组合以及全拱下吊杆。拱桥按主拱圈推力的平衡模式分为有推力拱桥、无推力拱桥，前者拱脚推力由拱座传至地基，后者拱脚推力由锚固在拱脚的桥面系内置分离式通长系杆承担，或直接由预应力桥面系承担。拱桥按结构体系可分为简单体系拱桥和组合体系拱桥，前者桥面系与主拱圈在结构整体受力时相互没有关联，桥面系只有局部承载和分布传力的作用，主拱圈是主要承重构件；后者桥面系和主拱圈通过一定形式的连接构造形成整体共同承载。简单体系拱桥一般为有推力拱桥。组合体系拱桥多为无推力拱桥，如拱梁组合结构和拱系杆组合结构（系杆拱桥）等；少量为有推力拱桥，如桁架拱桥、刚架拱桥和刚梁柔拱组合桥等。

拱桥在我国的应用和发展有着悠久的历史。早在公元605年左右隋朝时代修建的河北赵州石拱桥，跨径达37.4m，创造性地采用了空腹式圆弧拱。该跨径纪录一直保持了1300多年，直至1958年才被主跨60m的湖南省石门县黄虎港大桥打破。改革开放以来，我国的拱桥技术不断创新和进步，在钢筋混凝土拱桥、石拱桥、钢管混凝土拱桥和钢拱桥跨径等方面至今保持着世界纪录：1997年建成主跨420m的万县长江公路大桥（上承式钢筋混凝土拱桥），2000年建成主跨146m的山西丹河新桥（全空腹上承式石拱桥），2005年建成主跨460m的巫峡长江大桥（中承式钢管混凝土拱桥），2007年建成主跨550m的上海卢浦大桥（中承式系杆钢箱拱桥），2009年建成主跨552m的重庆朝天门长江大桥（三跨连续中承式钢桁系杆拱桥）。

对简单体系中、下承式拱桥而言，虽然存在受拉吊杆作为主拱圈和桥面系之间的连接，但桥面系不参与拱桥整体受力，因此吊杆索力在施工阶段一般不作张拉调整，成桥时吊杆自然承担对应节段桥面系的重量。但对于组合体系拱桥，特别是存在系杆或纵梁的无推力拱桥，由于桥面系参与结构整体受力，因此成桥时主拱圈、桥面纵梁的恒载内力和位形，可以通过吊杆和系杆（或纵梁预应力）的索力张拉进行调整优化，使恒载效应在主拱和纵梁之间合理分配，以满足在活载作用下结构安全、正常工作性能要求。

与斜拉桥拉索类似，拱桥用吊杆多采用工厂生产的成品平行钢丝索或钢绞线索,对应配套冷铸镦头锚或夹片式群锚;对在活载或温度作用下可能发生弯剪变形的短吊杆,应配套采用球铰式锚具,以提供锚端转动能力,减轻短吊杆的弯折疲劳。拱桥用系杆或纵梁预应力索多采用钢绞线索,配套夹片式群锚。根据具体情况,施工过程可能还需使用临时纵向预应力索,以平衡相应时段施工荷载产生的拱脚水平推力。

无推力拱桥吊杆成桥索力的优化,往往借鉴斜拉桥索力优化所采用的“刚性连续梁法”或“影响矩阵法”等。但吊杆的张拉程序往往随施工方案的不同而不同,往往需要分级、分批、分期才能逐步张拉接近理想的索力设计值。对先梁后拱的施工方案,一般需对吊杆进行两轮以上张拉:第一轮张拉吊杆是为了形成“拱肋—吊杆—纵梁”的整体竖向刚度,改善后续施工期间纵梁的受力特性;第二轮张拉是为了最终形成成桥合理线形和内力状态,改善其使用期内的受力性能。对先梁后拱的施工方案,往往经过成桥时一轮张拉即可完成吊杆索力调整。系杆或纵梁预应力索的张拉,往往根据主拱圈形成后施工程序的推进而分批、分级进行,以逐次平衡结构部件不断增加引起的拱脚水平推力增量。吊杆和系杆或纵梁索力的现场张拉调试,必须辅以可靠的实时监测控制手段,才能保证调索过程的准确、均衡和高效。

第二章 预应力和索力与桥梁病害

第一节 预应力混凝土桥梁和缆索承重桥梁常见病害案例

一、国内外预应力混凝土桥梁病害典型案例

现代预应力混凝土桥梁自诞生以来,特别是第二次世界大战以后发展非常迅速。到今天,400m 以下的跨径范围内,预应力混凝土桥梁常常为优胜方案。在预应力混凝土桥梁发展较早的一些欧洲国家,如德国、法国、瑞士、比利时等国家,其建设面积(以桥面面积计)在近 20 年中已上升到桥梁建设总面积的 75% ~ 80%;我国公路上中到大跨桥梁中,近年预应力混凝土桥梁建桥总数也已上升到 75% 左右。但由于预应力混凝土桥梁设计和施工难度相对较大,影响结构安全、耐久使用性能的不确定性因素较多,国内外均不乏预应力混凝土桥梁病害的各种案例。据联邦德国于 1978 ~ 1979 两年间对一个州内 20 ~ 30 年桥龄的预应力混凝土公路桥的调查资料显示,有将近 50% 的桥梁上部结构至少有一处重要损伤,2/3 的桥梁至少有一处中等损伤。近年来,国内也有不少大跨预应力混凝土桥梁发生病害。以下是国内外大跨预应力混凝土桥梁病害的一些典型案例。

1. 国外案例

欧洲—国际混凝土协会(CEB)曾经调查过 27 座预应力混凝土桥梁的变形数据,其中 26 座来自欧洲,1 座来自美国,有些桥梁在建造完成 8 ~ 10 年后变形仍有明显的增长趋势,甚至有两座桥的变形从建成起到最后报告测量时间(分别是建成后的 16 年和 20 年)一直都以相同的变形速度增加。表 2-1 列出了国外典型大跨预应力混凝土连续箱梁桥主跨跨中下挠失控的情况。

国外典型大跨径预应力混凝土箱梁桥主跨跨中下挠情况 表 2-1

桥 名	桥 型	属 国	施工方式	竣工年份	观测龄期(a)	主跨(m)	下挠量(mm)
Stolma	连续刚构	挪威	悬浇	1998	3	301	92
Stovset	连续刚构	挪威	悬浇	1993	8	220	200

续上表

桥　　名	桥　　型	属　国	施工方式	竣工年份	观测龄期(a)	主跨(m)	下挠量(mm)
Parrots Ferry	连续刚构	美国	悬浇	1978	12	195	635
Rand-mere	连续梁	加拿大	悬浇	1977	9	181.4	300
Koror-Babeldaob	带铰连续刚构	帕劳共和国	悬浇	1978	12	241	1200
Kingston	带铰连续刚构	英国	悬浇	1970	28	143.3	300

(1)美国加州 Parrots Ferry 桥(主跨 195m)

美国 1978 年完工的 Parrots Ferry 桥为预应力混凝土连续刚构桥(图 2-1),上部结构采用预制轻集料混凝土节段拼装法施工,跨径布置为 99m + 195m + 99m,其主跨跨度为当时同类桥梁中最大。该桥在使用 12 年后主跨跨中下挠了 635mm。T. Y. Lin. International 受托诊断的结果表明,上部结构轻集料混凝土的实测徐变比按照 PCI 或 ACI 209 公式计算的值大 30%,且箱梁开裂进一步扩大了混凝土徐变变形,导致使用过程中上部结构有效预应力不断下降,明显低于设计预期的永存预应力值,主跨跨中下挠因而失控。

图 2-1　加州 Parrots Ferry 桥主跨跨中明显下挠

(2)帕劳共和国 Koror-Babeldaob 桥(主跨 241m)

帕劳共和国 1978 年建成的 Koror-Babeldaob 桥,是一座主跨跨中带铰的预应力混凝土连续刚构桥,其跨径组合为 72m + 241m + 72m,主跨跨度为当时同类桥梁第一。该桥通车后不久即产生了较大的挠度,至 1990 年,其主跨跨中挠度达到 1200mm。对这一巨大下挠量的解释有混凝土徐变和预应力筋松弛过大、混凝土材料品质差等。之后,1995 年开始采用固结跨中铰、施加体外索预应力使主跨跨中挠度减小等措施对该桥进行加固,本来预期这一方案会将该桥使用寿命延长到 85 年,但 1996 年加固完成后不到 3 个月就发生了倒塌事故(图 2-2)。事故调查表明:首先发生破坏的是北岸(Babeldaod 岛)桥墩上方厚度为 43cm 的箱梁顶板,在前后约 10cm 的范围发生了明显的混凝土剥落现象,内埋预应力筋外露；南岸（Koror 岛）箱梁顶板沿横断桥墩的破坏线发生局部粉碎，两中间桥墩附近厚度为 36cm、高 14m 的箱梁两侧腹板，几乎都是沿竖直方向发生粉碎破坏；从破坏形态推测，在进行加固维修时桥墩上方箱梁顶板承受了后张体外索施加的过高预应力而濒于压溃，体外预应力索不合理的布置额外增加了主跨弯剪区段的剪力，主跨跨中铰被人为固结不合理地改变了原结构力学模式等等，是事故发生的可能原因。

图 2-2　帕劳共和国 Koror-Babeldaob 桥垮塌

2. 国内案例

近几十年来，预应力混凝土桥梁已逐渐成为国内 20 ~ 300m 跨径范围内的主流桥型。特别是在 80 ~ 300m 跨径范围内，预应力混凝土连续体系（包括连续梁桥和连续刚构桥）具有很强的技术、经济竞争力，受到行业主管部门和各建设单位的青睐，竣工数量逐年呈上升势头。但由于建设任务繁重、工期紧，加之质量保障体系的疏漏和监管技术手段的缺乏，有为数不少的预应力混凝土桥梁仅仅运营十几年甚至几年就开始出现主梁跨中过度下挠和箱梁开裂等病害，严重影响桥梁的使用性能甚至危及结构的安全。表 2-2 列出了国内近年来典型大跨预应力混凝土连续刚构桥主跨跨中挠度超标的情况。

国内典型大跨预应力混凝土连续刚构桥主跨跨中下挠情况　　表 2-2

桥　　名	主跨（m）	竣 工 年 份	观 测 年 份	下挠量（mm）
三门峡黄河公路大桥	140	1993	2002	220
广东南海金沙大桥	120	1994	2001	250
湖北黄石长江大桥	245	1995	2001	305
虎门大桥辅航道桥	270	1997	2003	222

（1）湖北钟祥汉江大桥（主跨 100m）

湖北钟祥汉江公路大桥 1993 年建成通车。桥梁主桥总长 1548.73m，采用 5 跨连续箱梁体系，跨径布置为 65m + 3 × 100m + 65m。该桥运营 11 年后，主跨跨中出现明显下挠，弯剪区段箱梁腹板出现斜裂缝，在连续梁主跨中部箱梁底板有贯穿横向弯拉裂缝，腹板上有竖向裂缝。2003 ~ 2004 年开展的观测发现，主桥箱梁的下挠和开裂无稳定迹象。尤其是 2004 年以来，大桥“病症”加剧，主桥箱梁腹板严重开裂，中间三跨跨中底板横向贯穿开裂且仍在发展；两次边跨下挠严重；混凝土劣化严重；箱梁节段质量较差，箱梁顶板开裂渗水；抽查的底板纵向预应力管道未见压浆;预应力钢束有断丝、滑丝现象,部分钢筋锈蚀严重。钟祥汉江大桥设计使用寿命 50 年,但仅运行 11 年便成为危桥。2005 年 10 月,相关部门采取主桥下构加固、上构拆除及上构重建的技术方案开始对该桥进行改造重建(图 2-3),2006 年 12 月改造完毕并重新开放交通。

图 2-3　正在拆除上构的钟祥汉江大桥

(2)三门峡黄河公路大桥(主跨 140m)

三门峡黄河公路大桥主桥为一座 6 跨预应力混凝土连续刚构桥,主桥跨径布置为 105m + 4 × 140m + 105m(图 2-4),于 1993 年建成通车。该桥自 1996 年开始观测到各中间跨跨中区域普遍出现下挠;1999 年 10 月进行的全面检查发现,主桥各跨跨中区域下挠继续增长,箱梁腹板有大量斜裂缝,主梁梁体有大量蜂窝、麻面、露筋、空洞等缺陷,全桥技术状况评为 57.6 分,属于三类桥梁;2002 年 6 月对该桥进行了详细全面的检查和静、动载试验,与两年前观测结果相比病害进一步加剧且有发展恶化的趋势:主跨跨中下挠最大达到 220mm,梁体出现大量新裂缝且部分受力相关裂缝缝宽严重超标,结构的抗裂性能和承载能力正在急剧下降。经调查分析,该桥病害原因主要有:梁体混凝土质量差、徐变过大;

图 2-4　三门峡黄河公路大桥

预应力施工不当，部分锚头外露、预应力管道压浆不饱满，造成箱梁内预应力钢绞线严重锈蚀；施工过程中预拱度设置偏差和构件截面尺寸误差；腹板竖向有效预应力严重不足；超限车辆行驶，等等。为恢复该桥的安全正常使用性能，2003年7月相关单位采取体外预应力方法结合裂缝、孔洞封闭措施开始对其上构进行加固处治，2003年底进行了竣工验收，总耗资达2408万元。为防止大桥出现二次病害、确保大桥安全，自加固完成起，在桥两端设立测控室，对过桥车辆进行严格的限速、限距、限载控制。

(3)广东南海金沙大桥(主跨120m)

广东南海金沙大桥主桥为3跨预应力混凝土连续刚构桥，跨径组合为66m+120m+66m，断面形式为单室箱梁。该桥于1994年建成通车，通车时桥梁线形和外观检查结果良好，成桥静、动载试验结果也反映该桥处于较理想的状态。桥梁运营6年后，于1999年10月开始发现主跨跨中区域出现明显下挠；2000年底对该桥进行的检查发现，跨中挠度已达到250mm左右，且主跨箱梁腹板有大量的斜裂缝。2001年4月进行的一次更全面的检测及荷载试验发现，该桥的主要病害为：主桥中跨跨中挠度/跨径比值约为1/500，严重超标；中、边跨箱梁两侧腹板均出现大量的斜剪裂缝，部分缝宽达0.4mm，最大缝宽达1.15mm，深度达30cm；静载试验检测的应力及挠度的校验系数大于1.05，桥梁总体承载能力下降；静载试验时腹板斜裂缝宽度均有加宽，最大增量达0.5mm；动载试验结果显示主桥整体刚度明显下降。经分析，病害原因主要归结为混凝土徐变过大、施工质量较差、后期预应力筋锈蚀、预应力损失过大和超限车载行驶等方面。后来对该桥也采取体外预应力和裂缝封闭等方法进行了加固处治。

(4)湖北黄石长江大桥(主跨245m)

湖北黄石长江大桥为一座5跨预应力混凝土连续刚构桥，主桥跨径布置为162.5m+3×245m+162.5m(图2-5、图2-6)，1995年建成通车。该桥运营3年后，跨中下挠仍未收敛；运营7年后，出现了持续恶化的较为严重的病害，主要表现为：一是主梁下挠，二是箱梁开裂。根据对大桥垂直位移观测结果，大桥各跨跨中均有明显下挠，与成桥时相比，大桥北岸次边跨2号~3号墩之间主梁跨中下挠累计已达305mm，中跨3号~4号墩之间主梁跨中下挠已达212mm，南岸次边跨4号~5号墩之间主梁跨中下挠已达226mm。通过对箱梁的详细检查，共发现裂缝6638条，其中5328条分布在箱梁腹板内表面上(上游腹板2200条、下游腹板3128条)，1073条分布在箱梁腹板外表面上(上游腹板272条、下游腹板801条)，237条分布在箱梁底板上。裂缝开展主要有三种形式：一是跨中段一定范围内腹板的斜向开裂；二是箱梁底板下表面的横向裂缝和腹板的竖向裂缝；

三是墩顶横隔板的竖向和横向裂缝。

图 2-5　黄石长江大桥

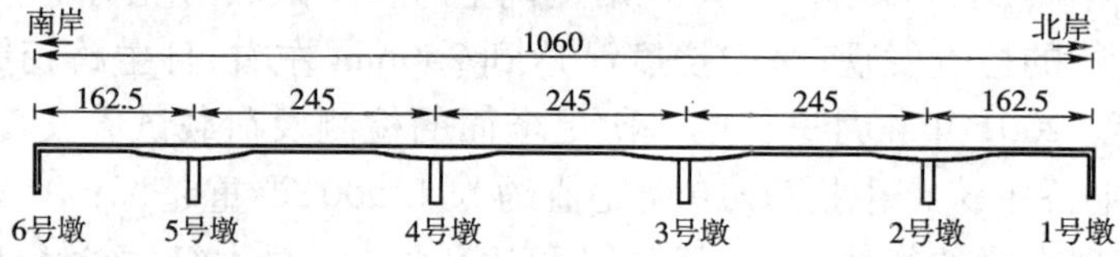

图 2-6　黄石长江大桥主桥跨径布置(尺寸单位:m)

经分析,黄石长江大桥可能的病害原因有:主梁持续下挠可能与主梁混凝土收缩及徐变、主梁刚度变化(箱梁开裂引起)、主梁纵向预应力有效性降低及荷载增加等因素有关;箱梁裂缝可能与主梁纵向和竖向预应力有效性降低、局部受力、混凝土徐变收缩、混凝土性能不稳定以及施工质量等因素有关;主梁下挠与箱梁裂缝开展彼此影响和相互加剧。

(5)虎门大桥辅航道桥(主跨 270m)

虎门大桥辅航道桥为一座 3 跨预应力混凝土连续刚构桥,跨径布置为 150m + 270m + 150m,于 1997 年建成通车,是当时世界上最大跨径的预应力混凝土连续刚构桥。连续 7 年的观测表明,该桥承台竖直变位和墩顶角位移很小,但主跨跨中挠度逐年持续增长。2003 年 11 月测量数据表明,与成桥时相比,左幅桥跨中累计下挠达 222mm,右幅桥跨中累计下挠达 207mm。图 2-7 为虎门大桥辅航道桥主跨跨中挠度增长曲线,可见直至 2003 年 11 月,挠度增长还未见有明显的收敛趋势。

对虎门大桥辅航道桥主跨跨中下挠量超标的问题,目前还在继续观测和原因查找之中。分析表明,该桥病害原因很可能是由于纵向预应力有效性的降低引起的。通过模拟计算主梁正弯矩区底板纵向预应力和顶板纵向预应力有效性

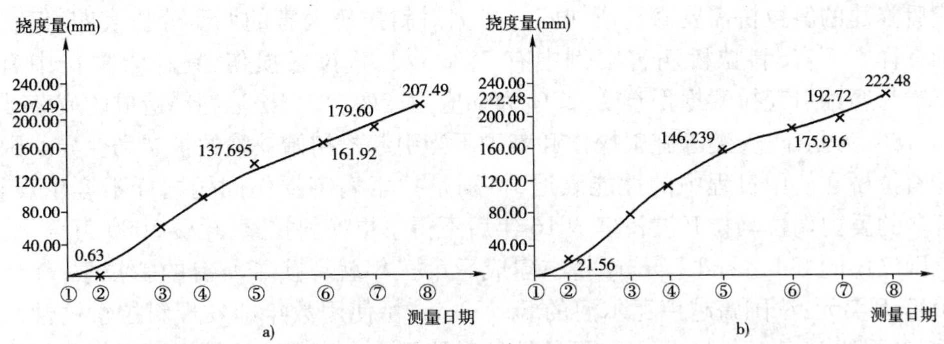

图 2-7　虎门大桥辅航道桥主跨跨中挠度增长曲线

a)右线 270m 跨跨中；b)左线 270m 跨跨中

注：①为 1997-12；②为 1998-05；③为 1999-03；④为 2000-01；⑤为 2000-11；⑥为 2001-12；⑦为 2002-12；⑧为 2003-11。

降低 10% ~30% 时主梁挠度变化情况，结果表明：当底板纵向预应力有效性降低 30% 时，主梁跨中将增加 5.3cm 的下挠量；顶板悬臂施工束失效对主梁各跨跨中下挠影响更为显著，当顶板悬臂施工束失效 10% 时，边跨跨中下挠量增加 13.3cm，中跨跨中下挠量增加 13.7cm。实际观测的结果显示，与基础年份观测值相比，北岸次边跨跨中下挠 13.4cm，中跨跨中下挠已达 12.9cm，南岸边跨跨中下挠已达 11.3cm，实际观测结果与纵向预应力失效产生的下挠量符合较好。可见，主跨跨中下挠对主梁正弯矩区底板和负弯矩区顶板纵向预应力有效性的降低非常敏感。考虑到目前超长预应力筋束张拉施工的难度和施工过程质量保障体系的薄弱，且该桥尚未出现开裂等其他方面明显的外观缺陷和损伤，有理由认为实存纵向预应力不足是跨中持续下挠的主要原因之一。

二、国内外缆索承重桥梁病害典型案例

1. 斜拉桥主要病害案例

斜拉桥跨越能力强、技术要求高，目前国内外有关斜拉桥技术的理论和规范体系尚不完善，设计、施工和维修养护难度均较大，成桥质量和使用管养水平均还有待进一步提高。过去几十年来，全世界共修建了 300 多座斜拉桥，其中我国修建了近百座。运营过程中许多斜拉桥的病害问题逐渐暴露，如上海新五桥、广州海印桥等。这些桥梁从建成到维修加固最短的只有 6 年半时间，一般在 10 年左右。据不完全统计，我国在 20 世纪 70 年代至 90 年代初修建的 30 余座斜拉桥中，修复加固的占 65%，有 4 座斜拉桥已经拆除或改建成其他桥型；在加固的斜拉桥中有 35% 部分或全部更换拉索；且在近两年内尚有 10 余座 20 世纪 90 年

代后修建的斜拉桥需要修复或加固。另据对斜拉桥病害的调研分析表明:仅就调查样本而言,斜拉桥病害案例中有75%涉及斜拉索损伤,斜拉索损伤中有55%为腐蚀引起拉索损伤衰变,27%为动应力变幅较大、松弛晃动造成的疲劳破坏,18%为制作、安装等施工操作和养护不当引起的初始缺陷的扩展和变异。国外斜拉桥在使用过程中的性能衰退,特别是拉索病害损伤问题同样不容乐观。著名的委内瑞拉马拉开波桥建成16年后不得不更换斜拉索,耗资5000万美元;德国汉堡的Kohlbrand Estuary桥在建成后第三年就更换了所有的斜拉索,耗资6000万美元;法国跨越卢瓦尔河的St. Nazaire桥使用数年即发现斜拉索锈蚀严重;美国的Paso-Kennewick桥,原估计拉索使用寿命为25年,结果不到5年拉索外防护即告失效。

可见,斜拉桥由于结构体系受力复杂、组成构(部)件繁多、施工难度大,其成桥质量往往难以得到全面有效的保障,因而在使用过程中易于发生不同程度和范围的病害。其中,尤以斜拉索最为突出,是斜拉桥病害集中发生的部件。以下为一些典型斜拉桥病害案例。

(1)新疆克拉玛依市友谊桥

新疆克拉玛依市友谊桥全长246.72m,1999年建成。如图2-8所示,该桥主桥为独塔双索面斜拉桥,长81.5m,桥塔为倒Y形,共设4对钢绞线斜拉索,拉索间距为8m,主梁为带翼板的空心矩形截面混凝土梁。

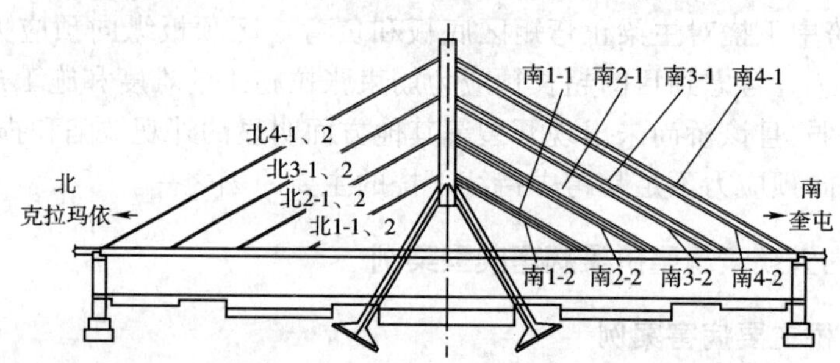

图2-8 新疆克拉玛依市友谊桥主桥立面布置图

该桥经过一段时间运营,主要构(部)件开始出现病害,经检查主要有:斜拉索索力普遍较设计值偏小,误差大部分在20%~30%,误差最大为35.3%;主梁沿纵向局部存在大量弯拉横向裂缝。但主塔和主梁混凝土强度均达到设计要求。病害原因主要在于施工质量较差,特别是斜拉索张拉力普遍不足,且索力分布不够匀称合理。

(2)三峡地区某斜拉桥

三峡地区某斜拉桥全长 196.12m，由 1 孔 16.0m 钢筋混凝土简支 T 梁引桥和斜拉桥主桥组成，如图 2-9 所示。主桥系跨径组合为 105.0m + (44.0m + 31.05m) 的独塔单索面不对称斜拉桥，墩、塔、梁三者固结，边跨设辅助墩。主桥主梁施工时，除 0 号块在墩旁托架上现浇外，边跨主梁采用满堂支架现浇，主跨主梁则利用挂篮悬臂现浇。

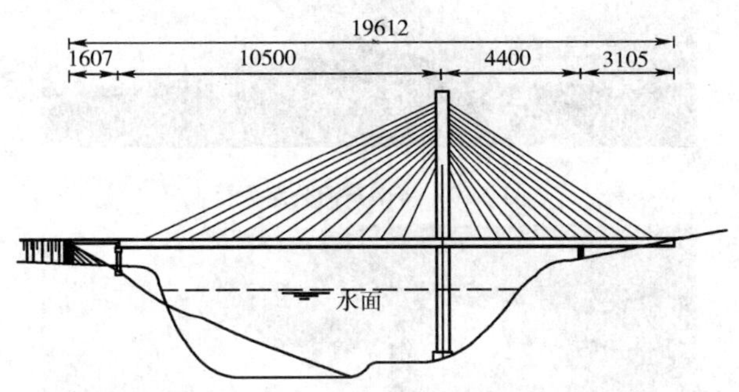

图 2-9 三峡地区某斜拉桥立面布置图(尺寸单位:cm)

该桥于 2001 年 10 月施工完成，施工单位在作交验前的工程检查时，发现边跨辅助墩支座脱空，最大脱空量达 21mm，导致成桥后的斜拉桥体系与设计体系不符。经建设单位委托检测单位对桥梁作交验前的全面检测与核算，发现桥梁存在如下问题：斜拉桥主塔向主跨方向倾斜，塔顶偏移值达 23.1mm；斜拉索索力值与设计值相差较大，最大误差达 20%，主跨索比边跨索误差更大；主跨箱梁梁体断面普遍偏大，平均偏差达 15%；边跨主梁箱体内压重铁砂混凝土密度偏低。事故原因分析表明，主梁和斜拉索施工过程细节疏忽、误差较大、质量控制不严是问题的根源。

(3) 济南黄河公路大桥

济南黄河公路大桥主桥为双塔双索面连续飘浮体系斜拉桥(图 2-10)，跨径组合为 40m + 94m + 220m + 94m + 40m，1982 年竣工。1995 年该桥主梁顶板出现纵向裂缝，横隔梁与斜腹板亦出现裂缝。拉索防护出现破损，斜拉索已腐蚀得相当严重，逐一检测 272 根拉索，实测索力较设计值最大差别达到 9.14%。有关部门随即对该桥进行全桥加固：南北塔附近箱梁顶板有裂缝的部位用粘贴钢板进行补强，增加桥面处拉索护筒长度，改造桥面系，并更换全桥拉索。自第 1 次大修完成后，至今该桥又进行了两次大修。

(4) 广东南海九江桥

广东南海九江桥主桥为塔—梁—墩固结体系独塔双索面斜拉桥(图 2-11)，主跨跨径组合为 2 × 160m，塔、梁、墩均为等截面，1988 年竣工通车。

图 2-10 济南黄河公路大桥

图 2-11 广东南海九江桥

该桥运营至 1990 年，主梁下挠值即达 16cm，随即进行一次调索以改善主梁线形。1997 年检查发现部分拉索 PE 套管破损，内部钢丝严重锈蚀，部分拉索振幅过大等现象，索力测试结果与 1990 年调索后相比总索力有所增加（幅度在 2.9% ~5.4%）。1998 年检测发现拉索 PE 护层严重破坏，拉索钢丝严重锈蚀，为此更换了 11 根严重锈蚀的拉索。2000 年第 2 次更换了 87 根严重锈蚀的拉索。

（5）重庆石门大桥

重庆石门大桥主桥为塔—梁—墩固结体系独塔单索面斜拉桥（图 2-12），跨径组合为 200m + 230m，主梁断面为单箱三室，拉索及防腐装置为镀锌钢丝加聚

图 2-12 重庆石门大桥

乙烯护套，拉索采用单索面竖琴式布置，1988 年竣工。从 1989 年起，观测发现该桥主梁下挠量偏大、索力逐渐变化；1995 年，检查中发现有 6 个锚头漏水；1997 年，全桥检测结果显示拉索表面有 79 处破损、裂口（最长裂口达 500mm），内部钢丝锈蚀；2004 年，全桥 216 根拉索中，130 根有各类缺陷共 393 处，钢丝严重锈蚀，其中 24 根超过规范限值，上下锚头部分锈蚀，锚固区混凝土开裂，主梁内室腹板发现大量裂缝；2005 年，更换拉索 36 根；2009 年，完成了全部斜拉索更换。

2. 其他类型缆索承重桥梁病害案例

中承式、下承式拱桥的吊杆，系杆拱桥的系杆等，近年来在桥梁耐久性研究中逐渐成为关注的重点。这些桥梁中张拉锚固的关键受力构件常年外露在大气当中，其工作条件极为不利。研究表明，非均匀受力或应力集中、疲劳、腐蚀是这类构件性能衰退的主要原因，施工阶段若不重视过程质量控制，将会直接导致或诱发、加剧各类病害的过早出现。以下即为一例施工质量差造成的拱桥系杆断裂的严重事故。

武汉晴川桥主桥为跨径 280m 的下承式钢管混凝土桁架系杆无铰拱桥，2000 年 12 月竣工通车，运营至 2003 年 12 月即发生了承担主拱圈推力的系杆破断的严重事故。从晴川桥系杆破断后暴露出来的索体（连工作锚板）可以看出，施工时未进行编束，导致索体在剥除 HDPE 后约 1.5m 内各钢绞线不是基本平行，而是杂乱无章、绞缠扭结（图 2-13）。这样势必导致钢绞线受力严重不均匀，部分高应力钢绞线提前达到破断力而退出工作，原本由其承担的拉力转嫁到未断钢绞线上，遂引发恶性连锁反应直至断索（现场钢绞线破坏形态有剪切形式也有颈缩形式）。

图 2-13　晴川桥破断系杆钢绞线扭绞成乱麻

此外，该桥原设计针对系杆的防水规定了 3 道措施，但施工中未严格执行，钢绞线防护油脂亦未注满，造成大量雨水进入预埋钢管，相应部分系杆钢绞线在水中浸泡了 3 年，钢丝外表严重锈蚀，如图 2-14 所示。

图 2-14　晴川桥破断系杆钢绞线锈蚀严重

第二节　桥梁病害与预应力及索力张拉施工的关联

一、主梁挠度和裂缝失控

1. 主梁持续下挠与预应力张拉施工的关联

按照全预应力度设计的预应力混凝土梁，理论上预应力的设置能够提供合理的成桥内力和线形，有效抵消使用荷载作用产生的内力和变形效应。如果预应力施工不当，梁体内不能建立有效的预应力，在混凝土徐变的共同作用下，梁体必将发生严重的下挠。挠度过大不仅会使跨中主梁下凹，破坏桥面的铺装层，影响行车舒适性和桥梁使用寿命，甚至危及桥梁结构的安全承载性能。

引起预应力混凝土桥梁跨中持续下挠的主要因素有：有效预应力不足、结构刚度偏小、尺寸和自重超过设计值、混凝土的收缩徐变、温度的影响等，而最关键的因素往往是实际张拉操作引起的预应力损失过大、有效预应力不足。造成预应力损失的原因有：预应力钢筋与管道壁间摩擦引起的应力损失；锚具变形、预应力筋回缩和接缝压缩引起的应力损失；弹性压缩引起的应力损失；预应力筋松弛引起的应力损失；混凝土收缩和徐变引起的应力损失；预应力张拉时锚下控制应力未达设计值；还有往往被忽视、却可能是最重要的原因——有效预应力不均匀度过大。有效预应力不均匀度过大，在桥梁刚建成时问题不会显现出来，但经过一段时间的活载作用，原本预应力值偏高的预应力筋在较大的活载应力变幅作用下出现早期疲劳断裂，并将其拉力转嫁给余下钢筋，恶性的连锁断丝、断筋反应依次传递，则桥梁跨中的持续下挠也就会由此产生。

2. 主梁裂缝失控与预应力张拉施工的关联

在预应力混凝土桥梁的运营使用中发现，有相当数量的箱梁在顶板、腹板、底板、横隔板以及齿块等部位出现了各种不同形式的裂缝,其中箱梁腹板裂缝最为普遍和严重。腹板裂缝一般集中在1/8跨至3/4跨之间的弯剪区段,其中距支座1/4跨径附近腹板斜裂缝数量较多,裂缝开展宽度一般在0.15~0.5mm之间。通常腹板内侧的裂缝数量较多,夏季缝宽较冬季有所增大,较宽的裂缝贯透腹板,在结构上呈一定的对称性。

经分析,箱梁腹板开裂产生的主要原因有:预应力束布置不尽合理,纵向束往往未弯起布置,从而使箱梁腹板中形成预应力空白区;竖向预应力损失往往过大,斜截面抗裂承载力严重不足,从而导致腹板出现严重斜裂缝;还有设计计算方法的影响、混凝土收缩徐变的影响、温度的影响、施工因素的影响和混凝土应力限值的影响等。

二、吊索、吊杆和系杆疲劳断裂

1. 吊索、吊杆和系杆疲劳断裂与索力准确性的关联

拱桥或悬索桥吊杆,在动荷载作用下往往经历较高的应力变幅,对拱桥靠近两侧、悬索桥靠近跨中的短吊杆尤为不利。如果吊杆索力张拉施工不当,造成成桥时吊杆索力过高,在使用荷载作用下吊杆会经历较大的应力幅值循环,这将会同时对吊杆索体、锚具和锚固端防护装置产生不利影响,造成索体钢丝疲劳断裂、锚具松弛、防护失效,为材料电化学腐蚀提供了侵蚀物质进入的通道,吊杆工作性能迅速劣化,断裂也就在所难免。

反之,如索力不足,在动荷载作用下甚至可能出现受压松弛、横向晃动的情况,极容易造成吊杆锚固端疲劳破坏;此外,还会造成其对应支撑的主梁梁段下挠、梁体开裂,主梁线形逐渐发生变化,影响桥上行驶舒适性,削弱结构耐久使用性能。

2. 吊索、吊杆和系杆疲劳断裂与索力均匀性的关联

对拱桥或悬索桥,如果纵梁同一断面上对称布置的吊杆索力不均,则会造成纵梁侧倾、扭转,在荷载长期作用下会产生局部梁段顶、底部斜向裂缝;若同一吊杆或拱桥系杆内钢丝或钢绞线在张拉前未能梳理平行,则张拉时各钢丝或钢绞线受力分布会不均匀,严重者在施工过程中即会发生断丝现象。索内张拉力不均匀性通过锚固留存到使用期间,则应力较高的钢丝或钢绞线往往会先发生疲劳断裂,这一过程次第发生,直至整索脆断,引发桥梁安全事故。

第三章　预应力、索力张拉施工技术现状分析与对策

第一节　张拉施工技术现状

一、张拉施工工艺

早期的钢绞线穿索采用单根穿束方法，容易引起钢绞线相互缠绕，导致张拉时钢绞线受力严重不均匀。目前，一般桥梁特别是大跨度梁体钢绞线穿索的方法普遍采用整束（或分组）穿束方法，即将整束（或几根一组）钢绞线的一端焊接在一起，再用钢管套住端头并焊接在一起，形成一个镦头，通过套在镦头上的钢丝绳的牵引（或直接与牵引绳焊接），使整束钢绞线穿过预应力束管道。

目前土木工程领域中，预应力的张拉施工采用的是由油泵和千斤顶组成的张拉系统，预应力施工方法是单顶一束一束地进行张拉，也有单顶一根一根地进行张拉的施工方法。所用的施工工艺（图 3-1）可以概括为：①手动驱动油泵；②由压力表读数控制张拉力；③待压力表读数达到预定值时，用钢尺人工测量张拉伸长值；④人工记录。

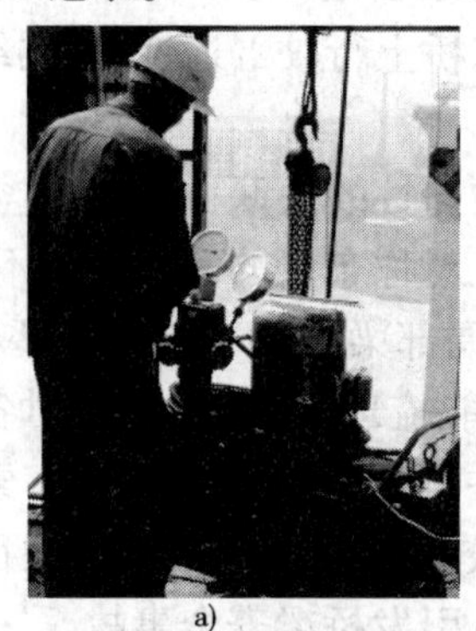
a)

b)

图 3-1　传统预应力张拉工艺

a）油压表人工读数；b）人工用钢尺测量张拉伸长值

二、张拉控制技术

我国《无粘结预应力混凝土结构技术规程》(JGJ 92—2004)第6.3.3条规定:无粘结预应力筋的张拉控制应力不宜超过$0.75f_{ptk}$,并应符合设计要求;如需提高张拉控制应力值时,不应大于钢绞线抗拉强度标准值的80%。《建筑工程施工质量验收统一标准》(GB 50300—2001)第6.3.3条规定:对于机械张拉,实测预应力值与设计规定值的偏差不得超过±5%。国际预应力混凝土协会(FIP)规定:无粘结预应力筋的实测张拉应力应与张拉控制应力相符,误差范围为±5%。由于张拉过程受诸多因素的影响,为了建立正确的预应力值,判断正常场合下的张拉作业,并且为便于早期发现异常现象,需要对张拉过程进行控制。国内外通行的过程控制方法有两种:伸长值控制和摩擦系数控制。

1. 伸长值控制法

预应力筋张拉时,通过张拉伸长值的校核,可以综合反映张拉力是否足够,管道摩擦损失是否偏大,以及预应力筋是否有异常现象等。我国现行规范中采用伸长值控制法。《公路桥涵施工技术规范》(JTJ 041—2000)中规定:当预应力筋采用应力控制方法张拉时,应以伸长值进行校核,实际伸长值与理论伸长值的差值应符合设计要求,设计无规定时,实际伸长值与理论伸长值的差值应控制在±6%以内,否则应暂停张拉,待查明原因并采取措施予以调整后,方可继续张拉。各个标准对张拉应力和张拉伸长值的控制精度范围作出了严格的规定,见表3-1。

后张法张拉的质量控制　　表3-1

控制项目＼现行标准	国　标	市政行标	公路行标
	GB 50300—2001	CJJ 2—2008	JTG F80/1—2004
张拉应力的控制精度范围(%)	±5	符合设计要求	符合设计要求
张拉伸长值(%)	±6	±6	±6

预应力筋张拉伸长值的量测,是在建立初应力之后进行,实际伸长值ΔL由下式计算:

$$\Delta L = \Delta L_1 + \Delta L_2 + C \tag{3-1}$$

式中:ΔL_1——从初应力至最大张拉力之间的实测伸长值;

ΔL_2——初应力以下的推算伸长值;

C——施加预应力时,后张法预应力构件钢筋混凝土的弹性压缩值、固定端锚具楔紧引起的预应力筋内缩值以及锚具本身的弹性压缩值三者之和。

初应力取值：对支线束宜取为10% σ_{con}，对曲线筋宜取为20% σ_{con}，以便将预应力筋绷紧。初应力以下的推算伸长值 ΔL_2，根据弹性范围内张拉力与伸长值成比例关系，用图解法或计算法确定。

2. 摩擦系数控制法

摩擦系数控制法是一种数理统计的控制方法。采用摩擦系数控制法，必须定出单根预应力筋的 μ 值控制界限，以及3~10根束的 μ 值控制界限。μ 值的控制界限为：

当有张拉试验时，应按试验计算；当没有张拉试验时，μ、K、E_s 值可按以往经验，查表3-2确定。单根张拉时的控制界限按表3-2中的 μ 值加上±0.3为上、下控制界限。对应预应力筋的根数，束的 μ 值以表3-2为基础定出上、下控制界限，见表3-3。

无张拉试验情况下 μ、K、E_s 假定值　　表3-2

预应力钢材	μ	K	E_s(MPa)
钢丝束	0.30	0.013	2×10^5
钢绞线	0.30	0.016	1.9×10^5
粗钢筋	0.25	0.016	2.05×10^5

按束进行控制的控制界限　　表3-3

束内筋的根数	3	4	5	6	7	8	≥9
控制界限用值	±0.23	±0.20	±0.18	±0.16	±0.15	±0.14	±0.13

摩擦系数控制法比较烦琐。为了方便施工，目前各国的张拉过程控制均采用伸长值控制法。

第二节　传统张拉施工技术存在的问题

一、梳编穿束工艺比较粗糙

目前的梳编穿束工艺将钢绞线焊接并形成镦头，由于镦头较粗且刚度较好，在牵引过程中容易划破弯曲的预应力束管道，特别是锌铁皮波纹管，划破后筋束容易挤成一团，致使钢绞线堵塞在预应力束管道内。而采用绞线分组穿孔的最后一组最难穿过，且容易引起钢绞线互相缠绕，甚至无法穿过。按照这样的梳编穿束工艺得到的预应力筋束，在整束张拉时无法做到各根绞线同步、均匀受力。部分受力较大的预应力筋可能已接近或超过屈服强度，极易断裂；部分受力较小的预应力筋极易滑丝。这种施工过程引入的额外的预应力丧失将直接导致后期梁体裂缝和结构下挠。且焊接高热会严重影响预应力筋的力学性能，使其强度发生较大折减，即使完成预应力张拉，也存在预应力筋早期疲劳甚至断裂等质量隐患。

二、张拉力控制误差过大

张拉力值的准确与否直接决定预应力工程质量的好坏。传统预应力张拉工艺按照设计中对各项预应力损失的估算值确定的张拉控制应力或者根据以往的施工经验而确定的张拉控制应力来进行张拉施工，张拉过程中直接通过事先标定千斤顶—油表液压系统，人工读取机械式油压表的读数来控制张拉力，因此不可避免地存在以下缺陷：①压力表的读数人为误差较大，压力表读数不稳定，读数速度慢；②压力表读数后，需换算才能知道张拉力的大小，不能形成张拉力的直观概念，对控制张拉操作不方便；③加压操作控制误差大，分辨率低，难于精确控制张拉力。

三、张拉伸长值测量不准确

在传统的张拉施工中，预应力筋伸长值普遍由人工采用钢尺测量，存在着读数误差大、测量过程慢、人为影响因素大、信息反馈不准确等问题。同时张拉记录由手工完成，人工痕迹明显，可信度低。

四、难以实现张拉力和张拉伸长值的双重同步控制

由于预应力张拉过程的复杂性，预应力张拉控制都采取张拉力和伸长值的双重控制法，以保证设计预应力的准确有效和结构后期的安全正常使用。在传统的预应力张拉工艺中，张拉伸长值是在压力表读数达到预定值后，再由人工用钢尺测量得到的，油压表和预应力筋伸长值的测量由不同的人、分先后操作完成。此时如果张拉伸长值超过规范的要求，没有办法补救，这就意味着该预应力构件不能按照设计时预期的受力状态工作。因此现有的预应力张拉工艺无法实现张拉力和张拉伸长值准确的双重控制。

五、张拉设备需频繁标定、标定结果难以保持

《公路桥涵施工技术规范》（JTJ 041—2000）第 12.8.1 条规定：施加预应力所用的机具设备及仪表，应定期维护和校验。由于每台千斤顶液压配合面实际尺寸和表面粗糙度不同，密封圈和防尘圈松紧程度不同，造成千斤顶内摩擦阻力不同，而且，摩擦会随油压高低、使用时间的变化而改变。因此，千斤顶要和工程

中使用的油压表、有关设备等一起进行配套标定。存在下列情况之一时,应重新标定:新千斤顶初次使用前;连续操作200次或更换结构施工部位时;压力表指针不能退回零点,更新新表后;千斤顶、油压表和油管进行过更换或维修;张拉时预应力筋连续断裂而又找不到原因时;油表受到碰摔等大的冲击时;停放三个月不用后、重新使用之前。可见张拉设备需要频繁的标定,不仅增加建设成本,而且降低施工效率。

六、缺乏高效可靠的过程控制和验收评估手段

现行相关规范对预应力工程施工中有效预应力控制与检测,都有十分明确的要求,但仅仅采用双控法根本无法达到规范的要求。例如,受到现有落后测控手段的限制,桥梁工程预应力束多顶同步张拉一般采用步话机人工控制,其同步精度根本无法保证,施工现场对该问题也没有足够的认识和重视,基本上处于感官控制的阶段。又如,分批张拉的后张法预应力混凝土构件中,后张拉预应力束对构件施加的压力会对先张拉预应力束造成预应力损失;构件同一断面上非对称张拉预应力筋必将引起构件的侧弯和扭曲,特别是采用弯桥、坡桥、斜桥形式的城市立交桥,由于受到曲率的影响,非对称受力过大必将导致梁体产生过大不利变形。为此,《公路桥涵施工技术规范》(JTJ 041—2000)中明确要求:预应力筋的张拉顺序应符合设计要求,当设计未规定时,可采取分批、分阶段对称张拉。但对预应力、索力张拉的同步性和对称性,至今相关规范没有提出明确的质量指标要求和验收评估标准。

传统预应力、索力张拉施工过程缺乏高效可靠的跟踪检测手段,即使偶尔采用传感器进行施工阶段预应力检测,但由于指标体系和验收标准尚未形成,检测工作往往陷于被动,不能实现主动的过程控制和验收评估。由于预应力张拉施工质量在桥梁竣工时具有隐蔽性,张拉施工过程留下的质量隐患往往难以在成桥竣工验收时被有效识别发现,因此容易造成混凝土结构中建立的预应力状况与设计预期相比出现较大误差,即使桥梁顺利通过竣工验收,也可能在后续使用过程中逐渐暴露出预应力不足、不均引起的梁跨下挠和梁体开裂等病害。

第三节　传统张拉施工过程常见质量隐患

一、同束有效预应力不均匀度过大

由于梳编穿束工艺较为粗糙,预应力筋束在管道内扭绞缠结,已缠绕的绞线

始终是长短不一致的，张拉时同筋束内各单筋受力不均匀，施工过程常出现断丝或滑丝现象。张拉过程应力偏高的力筋可能已进入屈服阶段；即使未进入屈服阶段，但其锚下预应力经过长期的衰减后，在使用阶段仍然可能大于其疲劳极限 $0.65f_{pk}$，在汽车等活载作用下将造成绞线的早期疲劳断裂。更为严重的是，设计单束钢绞线的绞线根数，可能由于各绞线相互位置混乱、管道漏浆，管道内绞线通行阻力越来越大，最后的部分绞线根本无法穿齐，使得施工得到的预应力筋实有截面积不足，如果还按照设计张拉力来张拉，更容易出现部分绞线因应力过高而断丝的情况。图 3-2 所示为预应力张拉施工工艺不当导致单根钢绞线有效预应力不均匀，引起断丝、滑丝。图 3-3 所示为穿束工艺不当和管道漏浆，导致绞线无法穿全，整束束力变小。对采用钢绞线索的拉索、吊杆、系杆和吊索，如果索体内各单筋受力不均匀，锚固后即使经过多次调索也无法得到改善，由此会严重影响索力的有效性和索体使用寿命，还可能导致严重的工程事故发生。

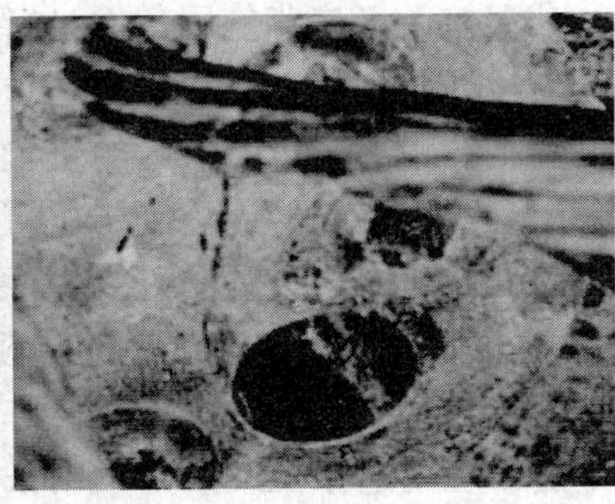

图 3-2　滑丝、飞锚

图 3-3　设计单束内钢绞线根数未穿齐

二、有效预应力大小和同断面不均匀度不符合要求

施工过程中由于种种原因，张拉控制应力与设计值偏差过大，预应力过大，可能导致预应力筋的破断，造成结构过大变形或局部承压混凝土出现裂纹；若预应力过小，则预应力度不足，造成结构开裂、下挠等。

预应力张拉控制一般采用"双控法"——压力表读数和伸长值，预应力的大小主要由普通压力表控制。严格按照规范的施工工艺进行预应力施工，"双控法"是可以满足锚下有效预应力控制精度要求的。但"双控法"存在的人工读数的影响、压力表标定条件与现场施工条件之间的差异等将导致误差。普通压力表精度较低，对于大吨位预应力束难于准确控制张拉应力；其次，所用机具的标定混乱：千斤顶、压力表和油泵应当是一个完整的张拉施力系统，必须结合施工现场整体标定，实际上往往是分割标定——只标定千斤顶与压力表，有的还是动态标定，其误差大又违背使用条件，导致张拉停顿持荷中张拉力偏大。

对于较长的预应力筋束，张拉到位锚固前持荷时间过短，不能保证预应力的充分传递，则在距离张拉端较远的位置，力筋的有效预应力可能达不到设计值；另外，采用悬臂法浇筑的连续刚构桥，预应力管道跨越几个节段，预应力钢束与管道的实际摩擦系数 μ 以及管道偏差系数 k 通常比规范规定的要大，现有计算预应力损失的公式往往低估了管道摩阻损失。

对预应力构件同一断面上两侧预应力筋张拉的基本要求是对称同步、均衡顺适，不能出现单边张拉或局部集中张拉的不利情形，而应该在同一断面上合理布置多个千斤顶进行同时张拉，这就对多顶张拉的对称同步控制提出了很高的要求。目前在预应力、索力张拉施工现场，多顶同时张拉的控制往往还依赖油表读数、口头喊话交流的落后手段，难以精准实现多顶张拉的对称同步，造成构件同断面各筋束预应力或索力左右不相等，构件可能发生横向挠曲、扭转等不利变形。

三、进场锚具质量存在隐患

根据国家标准《预应力筋用锚具、夹具和连接器》(GB/T 14370—2007)的要求，预应力筋锚具、夹具和连接器应具有可靠的锚固性能、足够的承载能力和良好的适用性，能确保充分发挥预应力筋的强度，安全地实现预应力张拉作业，同时还应进行静载锚固性能试验，用于有抗震要求结构中的锚具、预应力筋——锚具组装件还应满足循环次数为 50 次的周期荷载试验。

但在进行周期荷载性能试验时，现行的人工加载试验设备存在以下缺点：

(1)加载速度不容易控制:GB/T 14370—2007 中要求的加载速度为 100MPa/min,手动控制试验设备难以实现。

(2)无法进行周期荷载试验:周期荷载试验要求在预应力钢材抗拉强度标准值的 40% ~80% 之间循环荷载 50 次,手动进行这样的控制几乎是不可能的。

(3)静载试验的加载重复精度低:由于是人工手动控制,同组试验结果可能会有较大差异。

因此,按照现有加载试验体系和方法对桥用预应力锚具、拉索锚具进行进场前质量检验,是难以全面暴露其材料和加工缺陷的,可能给预应力工程留下难以察觉的质量隐患。

第四节　对传统张拉施工工艺的评价

综上所述,可以对传统的预应力、索力张拉施工工艺做出如下简要评价:

1. 硬件体系基本完备

传统张拉施工所需的材料、器具、设备等硬件已构成较为完备的体系,相应的生产标准、质检规范等已基本具备。

2. 计算理论和分析手段有待深化

预应力技术的核心理论基础已经建立,但有关预应力损失,特别是超长预应力筋束的管道摩阻损失、混凝土徐变引起的预应力损失等方面的计算还有待进一步深入研究。

3. 操作流程的规范性和精准度有待加强

传统的预应力、索力张拉施工操作流程,如锚具质量进场检测、预应力筋下料准备、预应力筋梳编穿束、张拉力油表读数、张拉伸长值量测、张拉锚固前持荷等环节,受施工现场条件和人为因素干扰较大,具有较大的随意性和变异性,施工质量稳定性和可靠度较差。

4. 过程测控手段和验收评估标准缺乏

工程质量一方面取决于设计,但在设计趋于成熟和标准化时,更多地取决于施工,特别是施工过程的实时质量控制。传统预应力和索力张拉施工工艺缺乏高效可靠的现代化过程测控手段和验收评估标准等软件体系作为辅助支撑,停留在较为粗放和落后的技术状态。

在施工过程中跟踪检测预应力、索力并用于控制张拉,在许多情况下,特别在后张法构件中难度较大。在少数的施工实践中,也只是取极少部分构件,对其有效预应力进行检测。因此,目前对预应力损失发生后的现场预应力筋应力检测技术大都还停留在试验研究阶段,因其造价较高、操作困难、效率低下,使得推广应用阻力很大。绝大多数预应力桥梁的张拉施工没有实施过程控制和分批质量验收,张拉锚固后预应力筋中建立的有效预应力的准确量值和分布均匀程度往往处于未知状态,是否真正满足设计要求也无从判断。

第五节　预应力及索力张拉施工智能化测控体系的提出

一、张拉施工智能化测控技术体系的核心理念和基本原则

要改变传统预应力、索力张拉施工工艺总体较为粗放、质量难以保证的现状,就应该首先牢固树立预应力"精细化"施工的技术理念,然后通过建立健全预应力施工全过程关键技术指标体系,利用现代化的传感元器件、数控技术、计算机技术和网络技术等手段,对张拉施工进行全过程跟踪检测、实时调控和阶段性的分批验收,使施工得到的有效预应力大小和均匀度精准地达到设计要求。

强调预应力施工的"精细化",绝不是仅仅针对张拉施工这一个环节,而是以预应力施工全过程控制目标为统摄,围绕张拉施工这一核心环节,对各相关工序进行系统化、一致性地操作定义和量化参数测控。比如,预应力锚具质量的进场检测试验,应严格按照相关规范规定的程序和内容进行,否则一套带有缺陷的锚具,是无论如何也难以保证预应力施工质量的;再比如,张拉施工准备阶段的梳编穿束,应严格按照对号入座、平行有序、整束穿通的原则牵引预应力筋束在预留管道中就位,否则即使后续的张拉施工操作再精细,也不能使一束紊乱绞缠的预应力筋获得均匀的预应力,等等。

因此,执行预应力"精细化"施工的理念,应同时强调四个方面的技术原则:一是全过程,就是从预应力张拉施工准备一直到灌浆、封锚结束,从预应力材料、器具到设备和人员,任何一个可能影响到张拉施工质量的工序和细节,都应纳入控制的视野之中;二是系统化,就是为了达到预应力张拉施工质量控制的各项目标,如有效预应力大小、预应力筋伸长值、同束预应力均匀度、同断面各束预应力均匀度、两端张拉对称性等,应在各施工环节进行控制参量的相互匹配和一致性检验,使各环节测控的结果连贯、接续并一致指向控制目标;三是定量化,就是凡需要控制的参量,能够量化的应量化,以方便数据检测获取和分析处理;四是智能化,即过程控制所需相关参数数据的检测和测控,应尽量通过先进传感技术、

数显技术、计算机技术、无线通信技术、网络信息技术等智能化手段来实现，最大限度地排除人为因素和环境条件的干扰和影响。

为此，贯彻“精细化”技术理念，执行全过程、系统化、定量化和智能化的技术原则，构建桥梁预应力及索力张拉施工智能测控技术体系，辅助和保障桥梁预应力“精细化”施工，正是指引本书写作的核心目标和价值观。

二、国内外预应力、索力张拉施工测控技术进展

1. 预应力、索力传感检测技术

如前所述，有效预应力、索力的大小和均匀度对预应力筋、拉索使用寿命有决定性的影响。现行规范对预应力、索力张拉施工中有效预应力、索力的控制与检测，都有十分明确的要求，但由于缺乏高效可靠的检测手段，无法准确了解锚固后锚下的有效预应力、索力。现有的一些检测手段在现场可操作性、经济实用性和准确可靠性等方面仍然存在较大不足，有待进一步完善和提高。

(1)应变片检测

预应力筋上贴应变片检测施工中的单索有效预应力，此种方法存在可靠性差、精度低的缺陷(根据现场贴片试验，钢绞线的同一截面上6个应变片示值相对误差有的达到20%；7个截面中，各截面6个应变片示值的平均值相对误差一般在5%～10%范围内)。

①精度分析

措施：取一束合格的钢绞线(11m长)，选择7个截面贴应变片(间距1m)，每一截面上的不同钢绞线各贴一片，即6片，总计42片。

标定：两端施力(按20kN、40kN、60kN、80kN进行加载)，用Ⅰ级(0.3%)标准传感器标定，结果发现：

a. 钢绞线的同一截面上6个应变片示值相对误差最大达20%(表3-4)。

同一截面6根绞线读数(με)　　表3-4

施加荷载(kN)	取值	1	2	3	4	5	6	相对误差(%)
20	1	664	571	587	589	656	613	14.0
	2	666	553	589	590	659	615	17.0
	3	662	568	584	585	654	607	14.2
40	4	1351	1206	1246	1331	1243	1287	10.7
	5	1349	1201	1242	1328	1241	1283	11.0
	6	1350	1205	1245	1330	1203	1286	10.7

续上表

施加荷载(kN)	取值	1	2	3	4	5	6	相对误差(%)
60	7	2051	1858	1928	2008	1899	2034	9.4
	8	2326	2012	2315	2149	2165	2207	13.5
	9	2425	1913	2087	2196	2117	2068	21.1
80	10	3003	2702	2878	2894	2762	2740	10.0
	11	3115	2531	2882	2892	2768	2743	18.7
	12	3023	2608	2879	2897	2770	2738	13.7

b. 7 个截面中，各截面 6 个应变片示值的平均值相对误差达 5% ~ 10%（表 3-5）。

7 个截面平均值读数（με）　　表 3-5

荷载(kN) \ 截面	1	2	3	4	5	6	7	相对误差(%)
20	543	536	568	557	531	540	508	10.6
20	526	523	526	531	528	536	531	2.4
30	1032	1068	1073	1099	1083	1126	1074	8.3
50	1873	1936	1890	1901	1870	1857	1898	4.1
70	2513	2509	2558	2501	2657	2590	2553	5.9

因此，由试验可以得出使用应变片进行钢绞线预应力的测试结果，精度是比较低的。

②可靠性分析

在专用平弯梁体模型上，将钢绞线穿入管道，并在梁体侧面开 5 个孔洞引出应变片的接线，其他两个截面应变片的接线沿钢绞线从端部引出，进行试验。

张拉中发现，42 片应变片中有 37 片损坏，即应变片损坏率超过 80%，并且钢绞线某些截面应变片全部损坏。这说明使用应变片测试单索有效预应力的方法是不可靠的。

（2）传感器检测

整束有效预应力大小影响预应力度，其不均匀度影响桥梁线形，不均匀度过大将导致梁体产生有害变形。传统方法通过锚下（即锚垫板处）埋设空心式传感器来检测整束有效预应力，在预应力工程中应用较为广泛。传感器以轮辐式最佳，精度、稳定性、可靠性及抗偏载能力较强，但价格昂贵；其次是电阻式压力传感器；最后是钢弦式压力传感器，价格最低，故应用较广，但对安装要求较高

（垂直度、同轴度），否则测试误差很大（试验证明可达15%以上）。割断钢绞线上安装拉力传感器存在以下问题：一则价格高；二则不可能所有筋都割断；三则不安全因素增加。根据2005年9月25日在云南建筑科学研究院进行的压力传感器的正载、偏载（偏心3～5cm）试验，测试结果表明（表3-6、表3-7），正载测力误差为2%左右，偏载3～5cm时测力误差多数在15%左右。

海口大桥系杆锚索计（编号357012）试验结果（正载）　　表3-6

试验次数	标准压力机压力（kN）	锚索计（编号357012）300t				差值（kN）	误差（%）
		应变均值	锚索设计压力（kN）	各弦应变（με）			
1	0	3261	127	3220	3230		
				3238	3345		
				3301	3237		
2	500	3147	529	3164	3037	29	4.8
				3153	3240		
				3190	3099		
3	1000	3015	991	3037	2889	-9	0.9
				3026	3116		
				3053	2968		
4	1500	2878	1470	2900	2741	-30	2.0
				2895	2990		
				2910	2829		
5	2000	2739	1958	2765	2595	-42	2.1
				2761	2863		
				2765	2685		
6	2300	2656	2247	2685	2508	-53	2.3
				2679	2786		
				2677	2597		
7	2500	2601	2438	2633	2452	-62	2.5
				2624	2735		
				2620	2539		
8	2800	2518	2731	2556	2368	69	2.5
				2541	2661		
				2534	2452		

海口大桥系杆锚索计(编号357012)试验结果(偏载)　　表3-7

试验次数	标准压力机压力(kN)	锚索计(编号357012)300t				差值(kN)	误差(%)
		应变均值	锚索设计压力(kN)	各弦应变(με)			
1	0	3253	128	3297	3274		
				3222	3232		
				3203	3291		
2	500	3130	579	3184	3117	79	15.8
				3077	3099		
				3101	3200		
3	1000	2969	1166	3079	2940	166	16.6
				2847	2911		
				2944	3090		
4	1500	2800	1779	2776	2954	279	18.6
				2607	2720		
				2776	2965		
5	2000	2638	2377	2873	2574	-377	18.9
				2364	2543		
				2620	2852		
6	2500	2480	2939	2763	2404	439	17.6
				2128	2132		
				2479	2764		

(3)频率法检测索力

频率法一般用于测量索的有效拉力。工程结构中的拉索并不处在绝对静止的状态,而是时刻发生环境随机振动。这种振动不明显,而且各阶频率混在一起,要用精密的拾振器才能感受。通过频谱分析,根据功率谱图上的峰值,才能最后判定拉索的各阶频率。得到频率,即可利用索的张拉与频率的关系求算索力[式(3-1)、式(3-2)]。频率法测定索力,设备均可重复使用,整套仪器携带、安装均很方便。

对于柔性索,索力T按下式计算:

$$T = \frac{4\omega L^2}{n^2 g} f_n^2 \tag{3-2}$$

式中：ω——单位长度索重；

L——索长；

f_n——第 n 阶自振频率。

对于两端铰接的刚性索，索力 T 按下式计算：

$$T=\frac{4\omega L^2}{n^2 g}f_n^2-\frac{n^2 EI\pi^2}{L^2} \tag{3-3}$$

式中：EI——索的弯曲刚度；

其余符号见式(3-1)。

但利用频率法测定索力时，要得到精确结果，仍然存在种种困难。首先要精确测定频率，特别是低阶频率，式(3-2)中$\frac{n^2 EI\pi^2}{L^2}$表现为拉索弯曲刚度对索力的修正，频率为低阶时，这一修正值很小，对于百米以上的长索，此值就更小，若在计算索力时采用高阶频率，修正值将急速增大；其次要准确设定拉索的计算长度，通常拉索的断点并未做铰接处理，在靠近端点处还常安装了减振圈，而拉索自身具有一定的弯曲刚度，因此，拉索的计算长度将稍短于拉索的实际长度，需要适当的修正，具体应视拉索和锚具的构造及减振圈安装的位置而定。

2. 预应力、索力张拉施工信息化控制技术

自20世纪80年代末以来，如何有效提高预应力张拉控制精度，彻底改变相对落后的预应力张拉施工工艺，受到国内外结构工程界的高度重视，并开始从不同的角度对预应力、索力张拉施工测控技术展开研究，并取得初步的成果。目前，国内外对这一问题的研究主要分为两种思路：一种思路是预应力信息化施工控制；另一种是油泵的数字化控制。

(1)预应力信息化施工控制

预应力信息化施工控制，就是在施工过程中，通过设置各种测量元件和仪器，实时收集现场施工对象数据并加以分析，根据分析结果对原设计和施工方案进行必要的调整，并反馈到下一施工流程，对下一阶段的施工流程进行分析和预测，从而保证工程施工安全、高效地进行。该工艺将力传感器永久放置在钢绞线两端，由数据采集系统采集力传感器信号并由计算机处理，当实际张拉力与设计要求相对误差大于5%时，由计算机提示用户停止张拉，实现了张拉施工的信息化，最终获得精确的张拉结果。

预应力信息化施工一定程度上克服了油压表读数误差大、读数速度慢等缺点，有效地提高了张拉力的控制精度，但无法实现张拉力和张拉伸长值的双重同步控制。此外，由于大量的力传感器永久地埋设在预应力结构中，施工结束后无法回收重复使用,增加了建筑物的成本;且埋置式力传感器的耐久可靠性能目前也还未能得到很好的验证。

(2)油泵的数字化控制

1990年以来,国外率先开展了计算机控制油泵即数控油泵的研究。英国CCL公司和德国PAUL公司相继在数字化显示记录方面取得进展,研究成功了一种有单片机控制、记录和打印油压数值、数字显示压力的记录仪,并在油泵的液压回路上附加一个传感器以提供压力信号,输入记录仪进行处理,实现了张拉力的数字化显示和记录。但这种记录仪并没有智能控制的功能,即无法判定张拉力是否达到预定控制值。

我国于20世纪90年代末研制成功国际上第一台采用计算机自动控制的预应力张拉专用油泵——BZ2.5—63D油泵。该油泵采用单片机进行采集和控制,在进油和顶压回路上安装了两个压力传感器,将流经油路的压力信号转换为0~5V的电信号,经过模数转换器将模拟量转换为12位数字量,由CPU读取,单片机将提取的数据通过计算机转换成相应的油压值,输出给键盘显示器,并显示在数码管上;同时将换算结果与设定的油压值进行比较,根据键盘给定的指令和采集量进行程序的选择,通过控制微型固态继电器触点的开与关,进而控制安装在油路上的各个电磁阀的动作,完成对张拉过程的控制。

计算机控制电动油泵,实现了预应力筋张拉的数字化控制,与传统的手动油泵相比,减轻了工人的劳动强度,操作时张拉力自读、自控、自动补偿,有效地消除了人为因素的影响,提高了控制精度。由于采用程控技术,该泵可根据实际操作过程编制不同的程序,满足不同的使用要求。

综合分析,计算机控制电动油泵与国外的数字化记录仪相比,可以实现张拉力的自动控制,但仍存在不足:计算机系统采集和控制的是液压压力,不能对张拉力实施直接控制;计算机控制电动油泵仅仅控制张拉力,不能实现张拉伸长值的控制,无法解决张拉力和张拉伸长值的双重同步控制。

第四章　预应力及索力张拉智能测控技术体系组成

第一节　核 心 技 术

预应力张拉锚固自动控制综合测试仪(国家发明专利产品)由液压泵站系统、千斤顶系统、计算机控制系统组成,如图 4-1 所示。

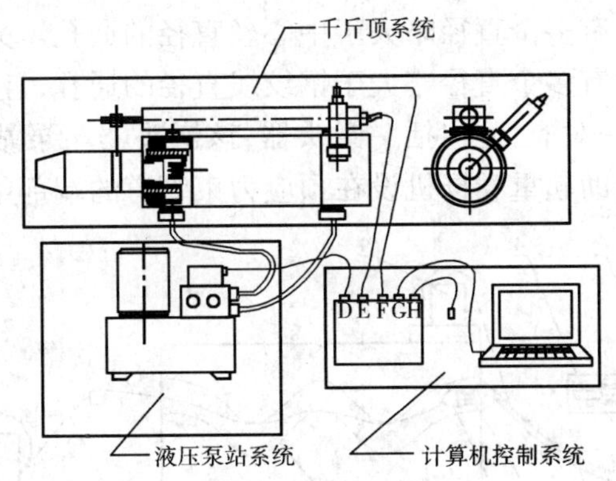

图 4-1　预应力张拉锚固自动控制综合测试仪

第二节　系列软硬件成套产品

一、预应力锚具和连接器综合试验台

预应力锚具和连接器综合试验台(图 4-2)克服了一般的试验台架手工加载、人为因素影响大、质量难以控制的缺点。整个试验过程完全由计算机控制,可实现全过程的有效测控,具有高精度、高重复精度和操作安全可靠的特点,能准确科学地对锚具性能进行检测和评价。

本系统的主要技术参数指标:

(1)加载控制精度:1% FS;

(2)测试精度:1% FS;

(3)试验重复精度:1% FS;

(4)最大试验荷载:12000kN;

(5)位移测量范围:0 ~ 200mm;

(6)拉伸距离:>3m;

(7)设备工作噪声:<80db。

图 4-2 预应力锚具和连接器综合试验台

二、梳编穿束系统

如图 4-3 所示,梳编穿束系统包括牵引螺塞、与牵引螺塞配合的螺旋套、一端与螺旋套连接的牵引钢丝绳、与牵引钢丝绳的另一端连接的主牵引卷扬机等,在牵引螺塞设有多个直径略大于中心丝直径的通孔。另外,还包括一梳束板,该梳束板上也设有多个直径略大于钢绞线直径的通孔,且梳束板上的通孔与牵引螺塞的通孔一一对应;还包括一镦头器,该镦头器与泵站连通;还包括一辅助起重卷扬机,该辅助起重卷扬机设在预应力束管道的端部梁体上。

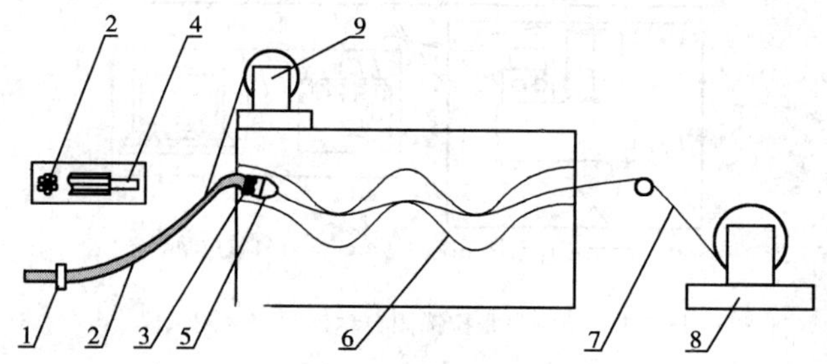

图 4-3 梳编穿束系统示意图

1-梳束板;2-钢绞线;3-牵引螺塞;4-中心丝;5-螺旋套;6-波纹管;7-牵引钢丝绳;8-主牵引卷扬机;9-辅助起重卷扬机

牵引螺塞分为 10 ~ 16 孔、16 ~ 19 孔、19 ~ 25 孔、25 ~ 30 孔 4 种形式,孔距为 12mm。牵引螺塞外螺纹和螺旋套内螺纹相同,用于拧紧连接。

用大力钳剥散钢绞线端头,用木板将中心丝压住,然后使用切割机切断钢绞线周边丝,保留中心丝 35 ~ 45mm。

将钢绞线通过梳束板梳束编号后,对号穿入牵引螺塞。

用镦头器将中心丝镦头,然后把主牵引卷扬机上的牵引钢丝绳固定在螺旋套内,将牵引螺塞和螺旋套拧紧连接。

钢绞线端头(包括切割部分)须用胶带缠绕保护。

卷扬机分为主牵引卷扬机(克服牵引摩阻)与辅助起重卷扬机(克服绞线自重)两种。

三、张拉施工智能测控体系

1. 原理

预应力张拉测控体系包括:计算机、张拉测控软件、网络智能化评估系统、数显式张拉控制仪、三通接头、位移传感器、油压传感器。

张拉测控体系利用工地张拉机具,其原理是在张拉千斤顶上安装油压传感器和位移传感器,并连接到数显式张拉控制仪(简称数显仪,图 4-4、图 4-5),输入千斤顶油缸面积后,即可对张拉过程中的压力和位移进行实时检测,还可校正油压表读数,指导张拉。

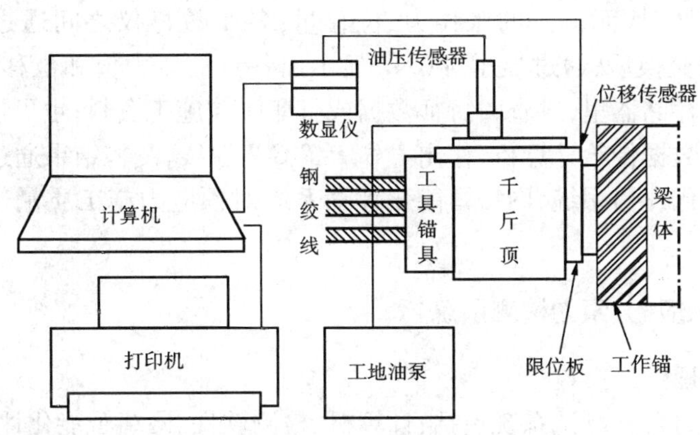

图 4-4　用数显式张拉控制仪控制张拉

将数显仪与计算机相连,通过张拉测控软件记录有关数据并进行相应的处理,测出伸长值、张拉力,作出 *P-S*、*P-T*、*S-T* 曲线,还可查阅或打印整套张拉施工资料,测控结果通过万维网传递到网络智能化评估系统,网络智能化评估系统对预应力张拉质量进行全面管理、评估,用户可以在办公室或家里随时通过互联网访问服务器中的所有张拉数据及统计分析结果。这样就能确保张拉施工的精度(同步性、张拉控制应力和持荷时间)。

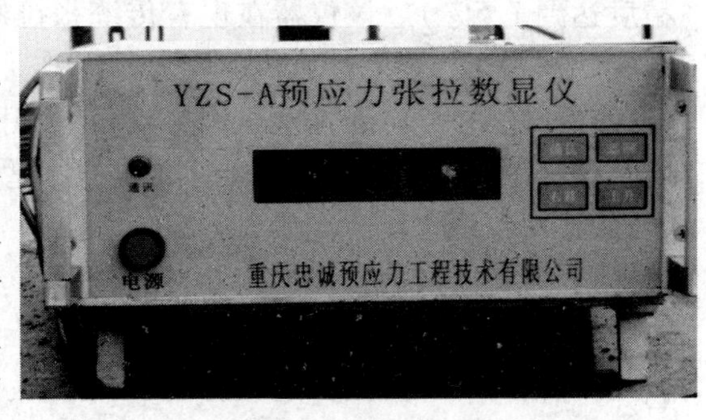

图 4-5　数显仪

2. 组成结构

参见图4-6,将位移传感器(1)通过安装支座(2)连接在千斤顶的外壳(12)上,位移传感器(1)的测头固定在千斤顶内缸(3)的端头挡板(4)上,并通过位移传感器控制线(11)与数显仪(6)的外置接口(16)连接;将油压传感器(8)装在预应力张拉机构泵站三通接头的螺孔上,并通过油压传感器控制线(10)与数显仪(6)的外置接口(17)连接;计算机通过信号线与数显仪(6)的外置接口(18)连接;数显仪(6)的外置接口(19)通过电源线(5)与电源连接。按设计要求和相应的控制规范在数显仪(6)中进行参数设置,启动泵站;千斤顶油缸的压力通过油压传感器(8)转换成电压信号,经油压传感器控制线(10)传送到数显仪(6),将电压信号转换为数字信号;与此同时,千斤顶活塞的位移量由位移传感器(1)将电压信号经位移传感器控制线(11)传送到数显仪(6),将电压信号转换成数字信号,从而得出的张拉力、位移量;各个数显仪之间通过无线模块(20)进行数据交换后;通过显示屏(21)显示出各点的压力值和位移值;并将张拉数据存储在存储器里,供查阅特征数据或打印张拉施工资料;也可以通过信号线将数显仪的数据传给计算机,作出 *P-S*、*P-T*、*S-T* 曲线,测控结果通过万维网传递到网络智能化评估系统,网络智能化评估系统对预应力施工质量进行全面管理、控制、评估。

四、有效预应力、索力检测系统

1. 仪器原理

有效预应力自动测试系统包括:计算机、检测软件、网络智能化评估系统、预应力检测仪(包含前置箱、泵站、组合阀、三通接头、比例压力阀、电磁阀)、千斤顶、位移传感器、油压传感器。

有效预应力检测系统,能准确测出单根和整束预应力筋的锚下有效预应力(精度达到1.5%)。该仪器在现有传统张拉器具的基础上,将计算机技术和测试技术结合,充分利用计算机的资源实现普通测试仪器不能实现的大容量、复杂处理分析、数据管理、通信及显示直观、易于升级的能力,采用计算机自动控制,对油泵进行了自动化设计,对千斤顶进行了适用性改进,并进行了自动控制系统软硬件开发和系统集成优化。

预应力张拉锚固自动控制综合测试仪,包括计算机、位移传感器、压力传感器、比例压力阀。其特征在于前置箱的箱盖上有5个外置接口,计算机通过信号线与前置箱的一外置接口连接;安装在预应力张拉机构泵站上的比例压力阀,通过比例压力阀控制线与前置箱的一外置接口连接;安装在预应力张拉机构千斤

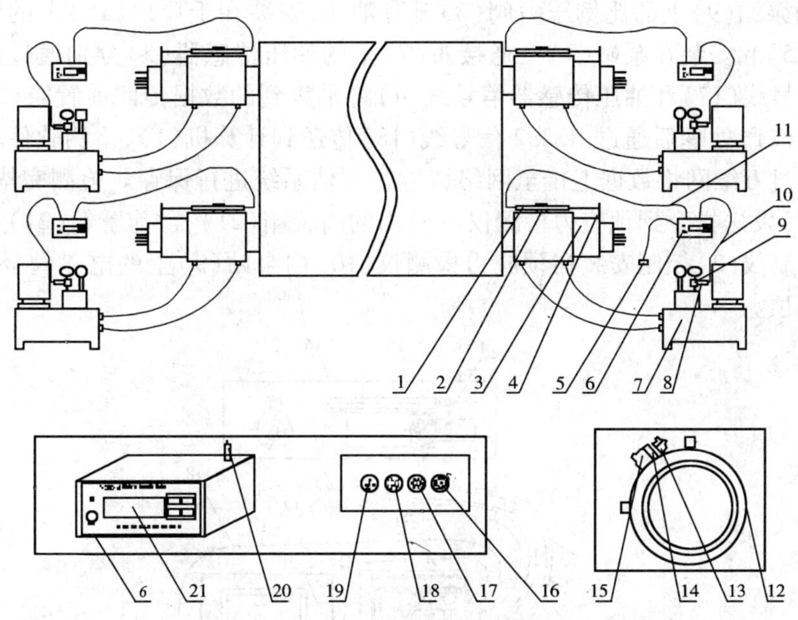

图 4-6　张拉施工智能测控体系结构组成示意图

1-位移传感器;2-支座;3-千斤顶;4-挡板;5-电源线;6-数显仪;7-泵站;8-油压传感器;9-三通接头;10-油压传感器信号线;11-位移传感器信号线;12-千斤顶外缸;13-位移传感器;14-位移传感器卡座;15-磁力座;16-位移传感器接口;17-压力传感器接口;18-RS232 信号线;19-220V 电源;20-无线模块;21-显示屏

顶上的位移传感器和压力传感器,分别通过位移传感器控制线和压力传感器控制线各与前置箱的一外置接口连接;电源通过电源线与前置箱的一外置接口连接。预应力张拉机构泵站的压力控制用比例压力阀取代手动调压阀,以便实现计算机自动控制;前置箱与计算机相连,以便通过专用的计算机软件记录有关数据并进行相应的处理,测出位移、压力、锁定力、摩阻系数,作出 P-S 曲线,还可查阅或打印整套张拉施工资料。这样就使整个张拉操作实现了自动化,并对施工过程进行实时检测与测控,大大减轻了施工人员的劳动强度,排除了人为因素的影响,确保了工程质量。该测试仪也可作为专用的检测仪器,对竣工后的工程进行验收与长期监测。

2. 结构组成

参见图 4-7,预应力检测仪(10)通过 220V(19)和 380V(20)的电源对其进行供电,计算机(1)通过 RS232 信号线(18)与预应力检测仪(10)箱体上的外置接口连接,计算机(1)内安装的检测软件发送指令到预应力检测仪(10)内的前置箱(21),由前置箱(21)通过比例压力阀控制线(3)控制安装在预应力检测仪(10)内泵站(9)上的比例压力阀(6)升降油压,安装在千斤顶(16)上的位移传感器(15)和安装在泵站(9)三通接头(7)上的油压传感器(5)分别通过位移传感器信号线(17)和油压传感器信号线(4)将采集到的数据传回前置箱(21),经前置箱(21)处理后通过 RS232 信号线(18)传送到计算机(1),检测软件采集计算后通过万维网将数据上传至网络智能化评估系统进行保存。检测完毕后,计算机(1)发送指令到预应力检测仪(10)内的前置箱(21),由前置箱(21)通过电磁阀控制线(2)控制安装在预应力检测仪(10)内泵站(9)上的电磁阀(8)进行自动退顶。

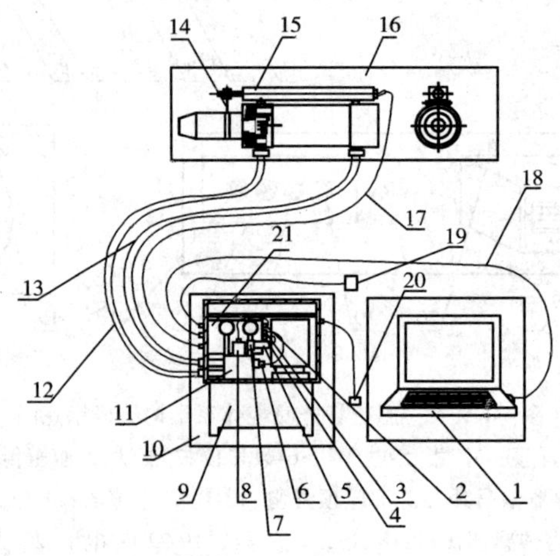

图 4-7　预应力张拉锚固自动控制综合测试仪结构示意图

1-计算机;2-电磁阀控制线;3-比例压力阀控制线;4-油压传感器信号线;5-油压传感器;6-比例压力阀;7-三通接头;8-电磁阀;9-泵站;10-预应力检测仪;11-组合阀;12-低压油管;13-高压油管;14-千斤顶顶杆;15-位移传感器;16-千斤顶;17-位移传感器信号线;18-RS232 信号线;19-220V 电源;20-380V 电源;21-前置箱

五、智能评估系统

智能评估系统是在现场监测点采集到数据之后,通过有线或无线的方式传输给服务器,由服务端对数据进行智能化的分析处理,产生一系列的统计产品(报表、曲线、饼状图、柱状图等)。用户可以在办公室随时通过互联网访问服务器中的所有检测数据及统计分析结果,便于业主、监理、设计等部门对预应力施工质量进行实时跟踪测控,大大提高了工作效率。整个系统的架构如图 4-8 所示。

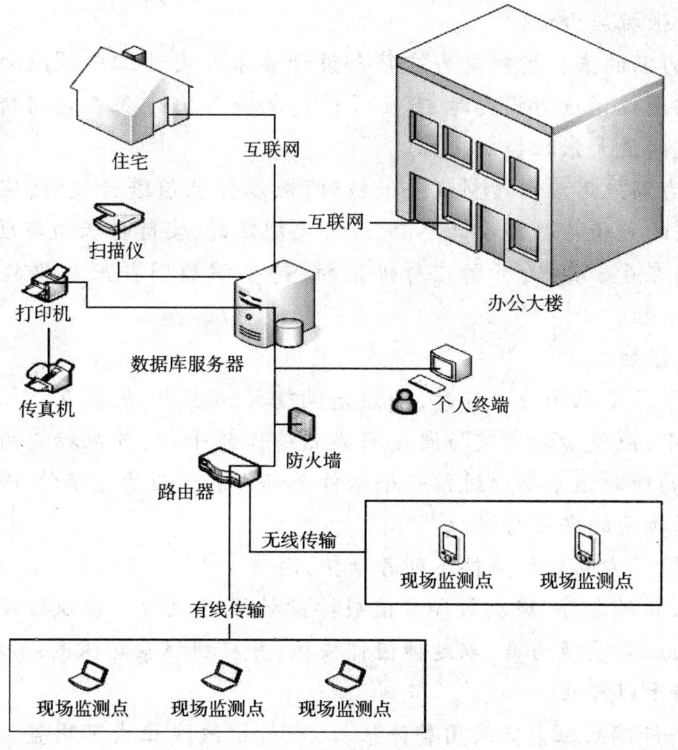

图 4-8　智能评估系统架构图示

第三节　张拉施工智能测控体系执行的相关规范、规程条文

一、《公路桥涵施工技术规范》(JTJ 041—2000)

12.8.1　机具及设备

施加预应力所用的机具设备及仪表应由专人使用和管理,并应定期维护和校验。千斤顶与压力表应配套校验,以确定张拉力与压力表之间的关系曲线,校验应在主管部门授权的法定计量技术机构定期进行。

张拉机具设备应与锚具配套使用,并应在进场时进行检查和校验。对长期不使用的张拉机具设备,应在使用前进行全面校验。使用期间的校验期限应视机具设备的情况确定,当千斤顶使用超过 6 个月或 200 次或在使用过程中出现不正常现象或检修以后应重新校验。弹簧测力计的校验期限不宜超过 2 个月。

12.8.3　张拉应力控制

1　预应力筋的张拉控制应力应符合设计要求。当施工中预应力筋需要超张拉或计入锚圈口预应力损失时，可比设计要求提高5%，但在任何情况下不得超过设计规定的最大张拉控制应力。

2　预应力筋采用应力控制方法张拉时，应以伸长值进行校核，实际伸长值与理论伸长值的差值应符合设计要求，设计无规定时，实际伸长值与理论伸长值的差值应控制在6%以内，否则应暂停张拉，待查明原因并采取措施予以调整后，方可继续张拉。

12.9.2　张拉

1　同时张拉多根预应力筋时，应预先调整其初应力，使相互之间的应力一致；张拉过程中，应使活动横梁与固定横梁始终保持平行，并应抽查力筋的预应力值，其偏差的绝对值不得超过按一个构件全部力筋预应力总值的5%。

19.4.2　拉索的安装与张拉

5　斜拉桥拉索的张拉应按下列各项执行：

2）拉索张拉的顺序、级次数和量值应按设计规定执行。应以振动频率计测定的索力或油压表量值为准，以延伸值作校核，并应视拉索防振圈以及弯曲刚度的状况对测值予以修正。

3）……平行钢丝拉索宜采用整体张拉，平行钢绞线拉索可用整体或分索张拉，分索张拉应按“分级”、“等力”的原则进行，每根同级的索力允许误差为±1%。

4）索塔顺桥向两侧的拉索（组）和桥横向对称的拉索（组）必须对称同步张拉；同步张拉的不同步索力的相差值不得超过设计规定；两侧不对称的或设计拉力不同的拉索，应按设计规定的索力分级同步张拉，各千斤顶同步之差不得大于油表读数的最小分格，索力终值误差小于±2%。

6）拉索张拉完成后，悬臂施工跨中合龙前后，当梁体内预应力钢筋全部张拉完且桥面及附属设备安装完时，应采用传感器或振动频率测力计检测各拉索索力值，同时应视防振圈及索的弯曲刚度等状况对测值予以修正。每组及每索的拉力误差超过设计规定时应进行调整，调整时可从超过设计索力最大或最小的拉索开始（放或拉），直调至设计索力……

二、《公路桥涵施工技术规范》（JTG F50，征求意见稿）

7.10.4　无粘结预应力筋的施工

无粘结预应力筋张拉锚固后还应满足实际预应力与设计应力值相对允许误

差在 ±5% 以内。否则应暂停张拉，待查明原因并采取措施予以调整后，方可继续张拉。

三、《铁路桥涵施工规范》(TB 10203—2002)

9.3.11 控制张拉应以控制应力为主，测量伸长值为校核，当实测值与理论计算值相差大于 ±6% 时，应查明原因，及时处理后再继续张拉。张拉完毕后，宜及时浇筑混凝土。浇筑前，应抽查张拉应力。当发现应力值与允许值相差超过 ±3% 时，应重拉。

四、《桥梁预应力及索力张拉施工质量检测验收规程》(CQJTG/T F81—2009)(重庆市公路工程行业标准)

6.1.2 预应力、索力检测频率

根据桥梁安全等级、预应力筋、索工作形式的不同，检测频率应满足下列要求：

1 检测以抽检为主，预应力筋不宜少于 10%。

2 体外筋、环形筋、无粘结筋、竖向筋、负弯矩段预应力筋不得少于 15%。

3 连续梁、连续刚构桥等边、中跨合龙段预应力筋不得少于 20%。

4 斜拉索、吊索和系杆索不得少于 15%。

6.1.3 检测内容

1 预应力检测内容：

1) 摩阻测试(包括锚圈口、锚垫板和管道摩阻)；

2) 对称张拉、两端张拉的张拉同步性；

3) 检测整束预应力筋、单根钢绞线的有效预应力。

2 索力检测内容：

1) 张拉跟踪检测与控制；

2) 检测整索、单根钢绞线的有效拉力。

6.1.4 检测时间

预应力筋张拉锚固后，应在 24h 内进行有效预应力检测。索力检测应在张拉锚固后 1h 内进行。

6.2.1 一般项目

预应力、索力张拉过程控制：

1 预应力张拉前应进行摩阻测试

1) 张拉施工前，应对不同管道进行两孔以上的摩阻测试。

2）摩阻测试确定的管道摩擦系数 μ 和管道每米局部偏差对摩擦的影响系数 k 在征得设计单位的意见后用于修正张拉控制应力。

2　预应力张拉跟踪控制

1）张拉施工时，应对张拉全过程进行跟踪控制。

2）张拉跟踪控制频率：①一般桥梁不宜少于10%；②连续梁桥、连续刚构桥不宜少于20%；③合龙段不宜少于20%。

3）多顶张拉同步性控制精度为±2%。

4）张拉控制应力精度为±1.5%。

5）张拉至控制应力后，应保证足够的持荷时间。

3　索力张拉跟踪控制

1）张拉施工时，应对张拉全过程进行跟踪控制。

2）张拉跟踪控制频率不宜少于30%。

3）平行钢丝索同步张拉控制精度为±2%。

4）平行钢绞线索同步张拉控制精度为±2%。

5）张拉应保证足够的持荷时间。

6）张拉控制力精度为±1%。

6.2.2　关键项目

1　有效预应力检测控制

1）有效预应力控制

对 $f_{pk}=1860$MPa、公称直径为15.2mm的单根钢绞线，张拉锚固后锚下有效预应力大小应满足表6.2.2-1的要求。

有效预应力大小的控制要求　　表6.2.2-1

设计张拉控制应力(MPa)	有效预应力(kN)	允许偏差(%)
$0.7f_{pk}$	168	±5
$0.75f_{pk}$	178	±5

2）有效预应力不均匀度控制应满足表6.2.2-2的要求

有效预应力不均匀度的控制要求　　表6.2.2-2

项　目	允许偏差(%)	项　目	允许偏差(%)
有效预应力同束不均匀度	±5	各束有效预应力同断面不均匀度	±2

2　索力检测控制

1）平行钢绞线索：单根钢绞线有效拉力大小允许偏差为±3%，钢绞线有效拉力同索不均匀度允许偏差为 ±3%；整索有效拉力大小允许偏差为 ±2%，整索有效拉力同断面不均匀度允许偏差为 ±2%。

2）平行钢丝索：整索有效拉力大小允许偏差为 ±2%，整索有效拉力同断面不均匀度允许偏差为 ±2%。

7.1.4　张拉施工质量要求

后张法管道安装位置偏差、摩阻大小及张拉控制精度等合格率不得低于85%；有效预应力、有效拉力大小和不均匀度合格率不得低于90%。

第五章　预应力及索力张拉智能测控技术体系功能

第一节　锚具成品质量检测

锚具成品质量检测利用预应力锚具和连接器综合试验台，能完成《预应力筋用锚具、夹具和连接器》(GB/T 14370—2007)中最关键最常用的静载试验和周期荷载试验，同时还能进行该国家标准所规定的其他各种试验(疲劳试验除外)。整个试验过程完全由计算机控制，自动加载、卸载，可排除人为因素的干扰，重复精度高、可靠性好，同时可进行锚具回缩及其径向变形自动跟踪测试，描绘相应曲线(图 5-1、图 5-2)，自动分析相应变化规律性，满足国际预应力学会最新测试要求。计算机设有人机对话界面，只要输入试验要求的参数，开动泵站，即可进入计算机自动控制，屏幕上清晰显示试验过程中的图像与数据(图 5-3、图 5-4)，实现实时跟踪控制。一旦进入屈服区或出现图像异常，立即报警，提醒操作人员注意避免事故发生。加载时自动生成周期图像，具有峰值留存功能。对连接器试验，可自动定心和调索。所有试验均能自动打印试验结果(含图像与数据)，并出具相应的试验报告。试验过程中采集的数据自动保存，并可任意

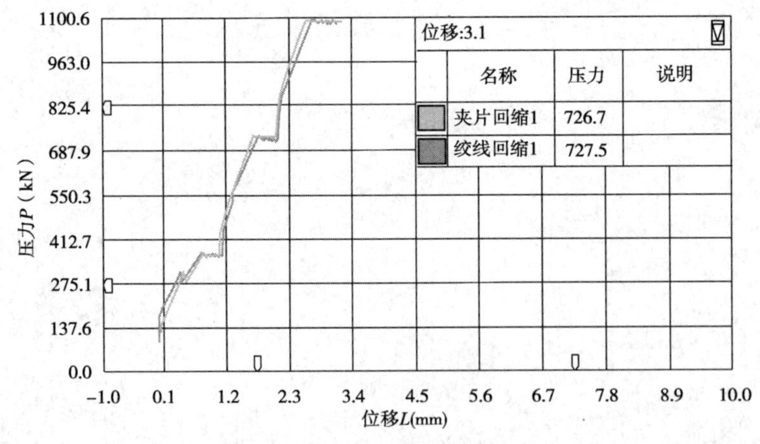

图 5-1　静载试验中绞线、夹片相对锚具的位移变化曲线

设定步长、打印数据清单。此外，对连接器试验，可长短台架并用，使连接的锚具端先获得定心和调索，然后再装挤压套的绞线，进行另一端调索，这样调索取消了另一个大千斤顶，试验可靠、精度高。

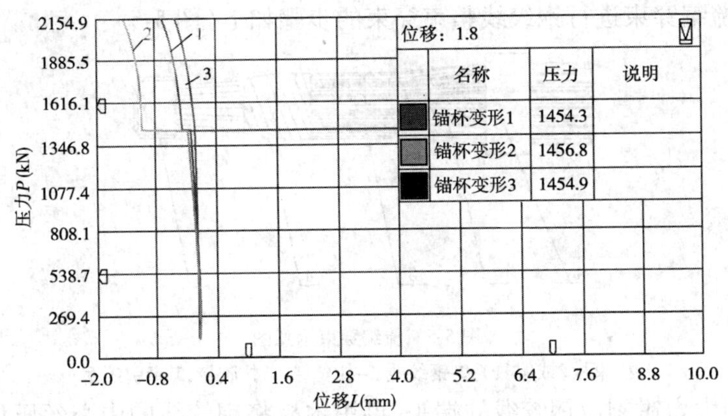

图 5-2　锚具径向变形曲线

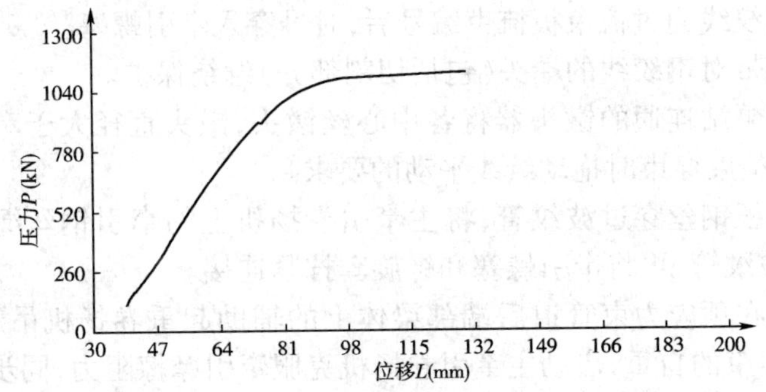

图 5-3　静载试验曲线

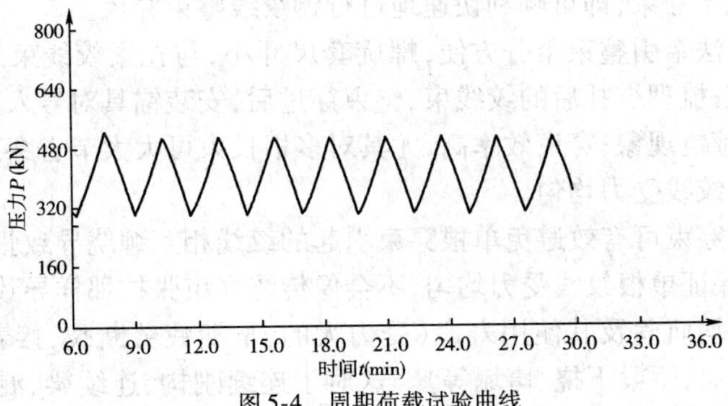

图 5-4　周期荷载试验曲线

第二节 梳编穿束

使用梳编穿束进行钢绞线整束穿束的步骤如下(图5-5):

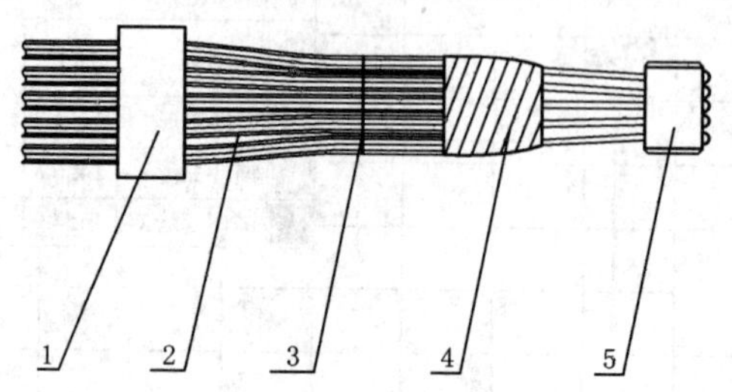

图5-5 梳编穿束示意图

1-梳束板(或锚具);2-钢绞线;3-扎丝;4-绑扎胶带;5-牵引螺塞

(1)用大力钳剥散钢绞线的端头,再用木板将钢绞线的中心丝压住,然后使用切割机切断钢绞线周边丝(长为40cm左右),保留中心丝。

(2)将钢绞线通过梳束板梳束编号后,对号穿入牵引螺塞。

(3)用胶带对钢绞线的端头(包括切割部分)缠绕保护。

(4)用与泵站连通的镦头器将各中心丝镦头,镦头直径大于牵引螺塞孔的直径,以满足整束穿束时拖动绞线平动的要求。

(5)用单根钢丝穿过波纹管,将主牵引卷扬机上的牵引钢丝绳上的螺旋套引入并穿过波纹管,再将牵引螺塞和螺旋套拧紧连接。

(6)用设在预应力束管道后端部梁体上的辅助起重卷扬机吊起钢绞线束,以克服钢绞线束的自重,启动主牵引卷扬机克服牵引摩擦阻力,同步进行梳顺钢绞线,每隔1m绑扎一次扎丝,以使钢绞线顺直、等长,绑扎成束顺直不扭转,以提高其刚度便于穿束,即可顺利快速地进行钢绞线整束穿束。

使用此方法牵引整束十分方便,螺旋套尺寸小,与扎紧绞线束外径相近,很容易通过管道;梳理绑扎后的绞线束,整束穿过后,安装锚具对号入座,使之平顺圆滑,无相互缠绕现象;穿束效率高,尤其对多根长束可大大节省穿束时间;张拉中同束各单根绞线受力均匀。

采用梳编穿束可有效避免单根穿束引起的绞线相互缠绕导致张拉时绞线受力严重不均;保证单根绞线受力均匀,不会像传统穿束张拉那样导致同束中各单根绞线受力不均而危及其使用寿命(受力大的,早期疲劳断裂,接着连锁反应,导致预应力丧失,桥梁下挠、垮塌等)。这对于连续刚构、连续梁、混凝土斜拉桥尤其重要。

第三节　预应力、索力张拉施工跟踪控制

预应力、索力张拉施工跟踪控制利用张拉控制系统进行全程跟踪测控(图5-6)。

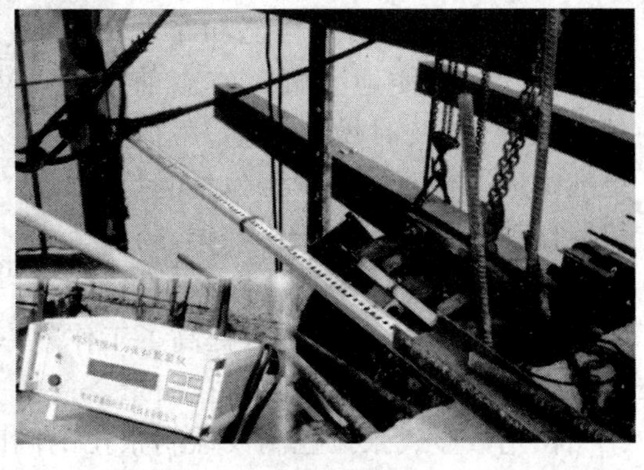

图 5-6　利用数显仪进行测控

数显式张拉控制仪可与油压传感器和位移传感器连接并接受其信号,进行数字化显示;同时还可以连接计算机,并将其存储的压力和位移数据作为张拉结果打印;此外该仪器相互之间可以进行无线通信,分别安装在张拉梁体的两端,可将其伸长值、张拉值等数据进行互相传输并显示,并且不受人为因素、油黏度、摩阻、内泄漏等的影响。需要打印张拉数据时,可把数显式张拉控制仪连接到计算机,通过打印机打印出数据。该仪器对连续刚构桥、斜拉桥的张拉控制效果更显著,同时还能进行摩阻的动态测试(含锚口、锚垫板、管道摩阻)。

张拉过程中,数显式张拉控制仪可同时显示张拉力及对应位移(即绞线的伸长值),排除摩阻、内泄漏、人为读数等误差,可以更准确地进行两端同步张拉。如图5-7、图5-8所示,利用工地张拉机具,给张拉千斤顶的进油口配上三通

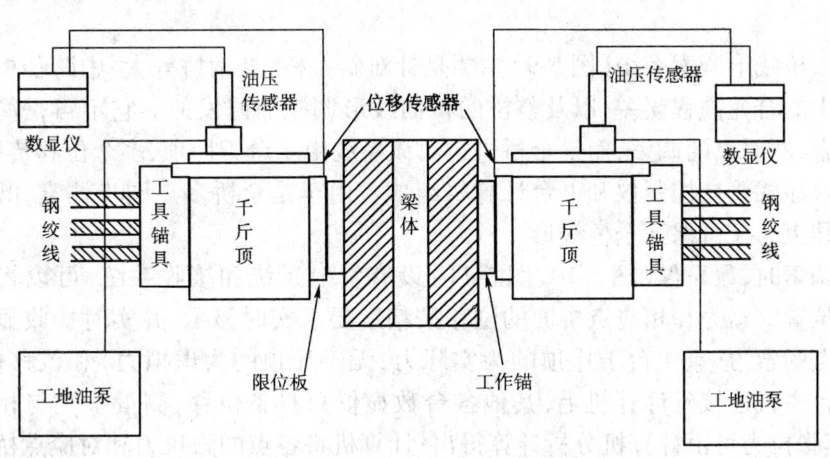

图 5-7　数显仪安装及检测原理图

图 5-8　千斤顶、油压传感器、三通接头

接头，在张拉千斤顶上安装油压传感器和位移传感器，并连接到数显式张拉控制仪上，即可对张拉过程中的压力和位移进行实时检测。两端的数显式张拉控制仪可相互发送数据，并同时显示自己和对方的数据。能方便地了解对方当前的张拉力值，及时做出调整，可以更准确地进行两端同步张拉，而且仪器自动记录了所有张拉数据，需要时可打印出来。该仪器应用在实际张拉过程中简单方便，提高了工作效率，记录的压力和位移数据准确，能有效地提高预应力施工中的张拉质量。

在用数显式张拉控制仪控制张拉的同时，还可配合使用预应力张拉锚固自动控制综合测试仪对锚下有效预应力进行检测校正，按照检测的有效预应力大小及时对张拉进行调整，保证锚下有效预应力满足设计要求，确保工程质量。可见，二者的配合使用对工程中有效预应力的质量控制有很好的保证作用。不仅如此，检测仪还能自动评价检测结果，从而指导现场预应力施工，故可用少量的检测全面控制有效预应力的施工质量。

第四节　斜拉桥索力检测调整

成桥线形调索系统（图 5-9）主要是针对斜拉桥、悬索桥等大、中跨径桥梁在施工中的合龙高程误差，以及整桥的桥面线形调整而研发的。它不再是简单对一对束、两对束的调整，而是全桥进行。该系统由 4 台千斤顶、多个位移传感器、多个数显式张拉控制仪和 1 台计算机组成。由于是全桥多点同步调索，既可保证最佳束力又可保证全桥线形。

调索时，数显仪（图 5-10、图 5-11）设有发射系统和接收系统，可以将自己所在位置的索力和相应点桥面的位移按精度要求实时显示，并实时接收显示其他各点的索力（有 4 台千斤顶的为实际力，无千斤顶的为虚拟力）和位移值；通过 1 台主机连接到计算机上，其他各台数显仪只具备位移、测量系统与相应数据，其张拉力可由计算机分析计算得出；计算机将各点的张拉力和对应点桥梁处的位移分别分析，判断桥梁的特征点，为下一步调索提供依据；并绘出曲线，确保调束过程的一致性、稳定性和安全性，经多次重复调整完全达到预定的设计要求。

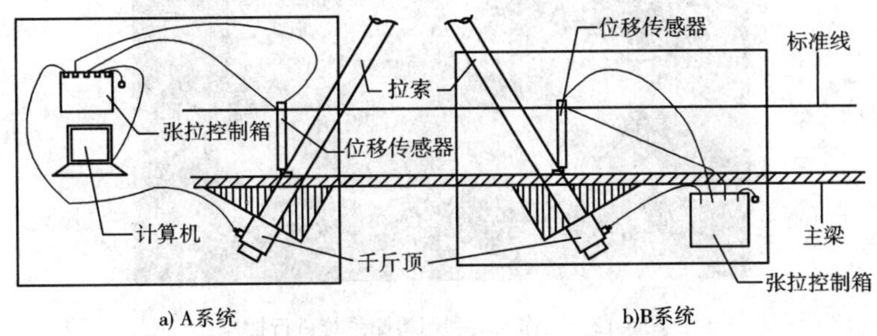

图 5-9　成桥线形调索示意图

注：在某一检测控制点处布置 A 系统，在其他控制点处布置 B 系统。

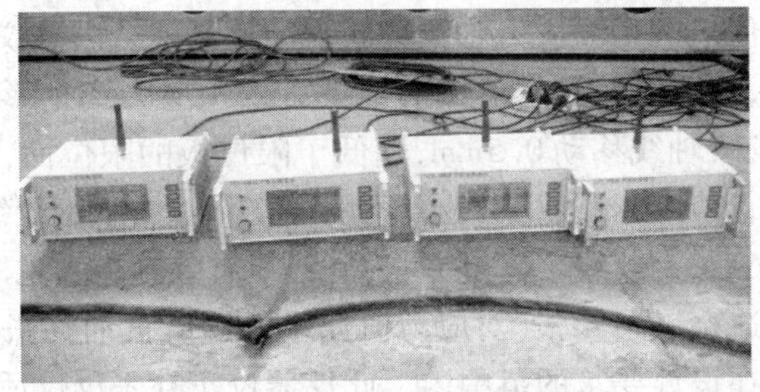

图 5-10　成桥线形自动控制调索仪

图 5-11　成桥线形自动控制调索仪多点同步张拉与调索试验

第五节　预应力、索力张拉施工质量检测

在张拉结束后，利用有效预应力检测系统对筋束的单根有效预应力进行抽检（图 5-12）。

图 5-12　工作人员利用检测系统进行抽检

预应力张拉锚固自动控制综合测试仪是一种新型检测仪器，采用弹模效应与最小应力跟踪原理。当千斤顶带动绞线与夹片沿轴线移动 0.5mm 时，即测出锚下有效预应力值。利用预应力张拉锚固自动控制综合测试仪检测会对预应力筋进行检测张拉，但不会对已经形成的锚下有效预应力产生影响。因为检测张拉时，夹片只随绞线轴线移动 0.5mm，远低于限位板的限位面，夹片仍牢牢咬住绞线。力放开后，夹片与绞线相对位置不发生变化。由于钢绞线是弹性体，在比例极限内，力放松后，钢绞线会恢复原状，其锚下有效预应力也不会发生变化。

该仪器还能边检测边补张（对应力值偏小的筋束自动补张），将单根钢绞线有效预应力控制在设计要求的范围内。此仪器校正补张仅仅适用于有效预应力值小于设计值的钢绞线；对于大于设计值的，不可放张。

该检测仪器于检测完毕后可自动评定其梳束、编束、穿束、调束的工艺水平以及张拉控制水平，做到以有限的检测达到全面控制预应力施工质量的目的。同时还可实现远程接收数据，并形成评估意见，作为有效预应力检测控制和验收评估的依据，保证筋束使用寿命和桥梁线形符合设计要求，防止因预应力施工不当而造成的梁体下挠和腹板裂纹。通过对检测数据的统计分析，得出整座桥的预应力张拉施工质量，建立全面的桥梁预应力施工验收评估体系。

该仪器在测试运用中不断完善与发展，可进行有效预应力的检测，继而可以同步进行校正补张，同时又可以将补张的结果（即校正的有效预应力）直接打印出来。经进一步发展，可对斜拉桥、系杆拱桥、悬索桥等的整束束力进行检测和校正控制。

预应力张拉锚固自动控制综合测试仪使用前的现场标定：

1. 仪器张拉力精度、重复精度标定

在现场标定张拉力，其安装示意如图 5-13 所示。使用时，在同一根绞线上依次穿上锚具（带夹片）、精度为 0.5% FS 的国家质检总局认可的压力传感器、测力千斤顶。设置要标定的量程,启动仪器实施张拉,在压力传感器和计算机上会同时显示千斤顶的张拉力,通过对计算机显示压力作线性修正,使之与压力传感器显示值的误差不超过1% FS,这就实现了压力的标定。标定后可重复张拉几次,以检验仪器的张拉精度和重复精度。

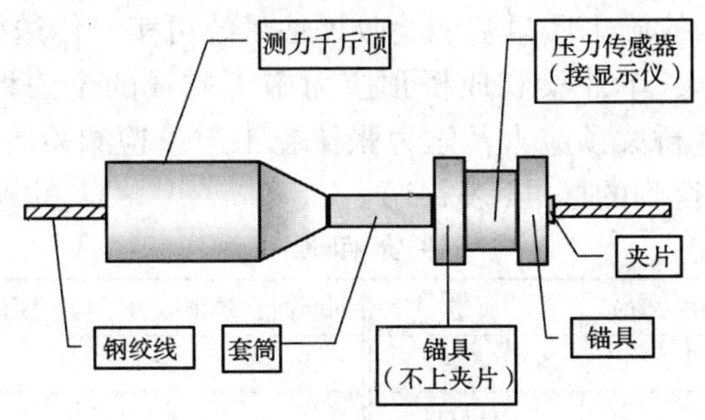

图 5-13　仪器张拉力值标定

2. 仪器安全系统

仪器的泵站系统设有安全阀,以控制千斤顶最大工作拉力。其大小按工地现场要求而定,一般只设置为比规定的最大张力大 15 ~ 20kN,以防止意外事故发生。同时,计算机也可设置压力上限,当测试压力超过上限时,系统即自动停车。该项措施可有效证泵站系统的安全性。

3. 仪器检测精度标定

仪器检测精度标定如图 5-14 所示。在标定用的群锚下安装一个高精度压力传感器(0.5% FS),它可以显示整束的有效预应力,压力传感器安装时其垂直度与同轴度必须严格控制。然后检测每根索有效预应力,并累计得出其整束有效预应力,把检测值与传感器显示值进行比较,其偏差不超过 1%,即完成仪器检测精度的标定。多测几次可得重复精度。这种标定方法准确、可靠。

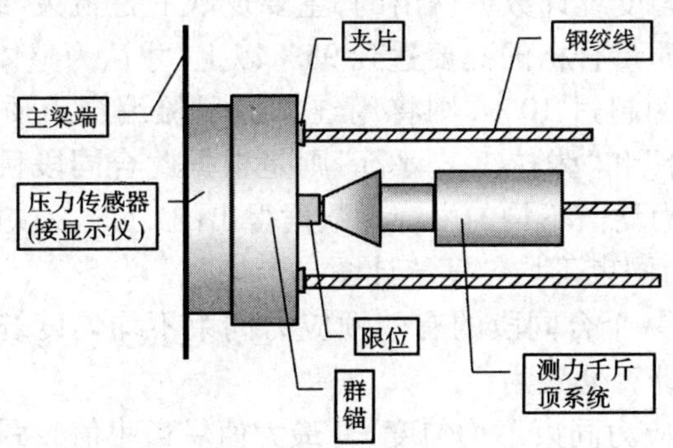

图 5-14　仪器检测精度标定示意图

第六节　预应力、索力张拉施工质量智能验收评估系统

预应力、索力张拉施工质量智能验收评估系统可实时传送检测信息，并通过软件处理形成对整束、单片梁和成桥预应力施工质量的全面评价与综合分析。评价的依据是根据《桥梁预应力及索力张拉施工质量检测验收规程》(CQJTG/T F81—2009)的规定得到的标准(表5-1)。

评价标准　　表5-1

同束有效预应力不均匀度(%)	质量	同断面有效预应力不均匀度(%)	质量
≤5	优秀	≤1	优秀
5~8	良好	1~2	良好
8~10	合格	2~4	合格
10~20	较差	4~10	较差
>20	很差	>10	很差

一、检测管理

1. 查看合同段检测综合报告

合同段检测综合报告主要包含该合同段目前检测的所有梁的质量统计图及走势图，并由此得出对该合同段目前预应力施工的质量评价、存在问题及整改措施。

(1)合同段综合情况表

在表5-2中，“梳编穿束工艺评价”是根据此合同段目前检测的所有孔的实测同束各索力不均匀度统计数据得出的，主要反映的是梳束、编束、穿束的工艺质量。施工中要求质量合格的孔要达到95%以上，才认为整体合格。如果质量较差的孔所占的比例超过10%，则将用红字提示梳编穿束质量较差，需改进。“张拉重复精度评价”和“张拉工艺评价”则是根据此合同段目前检测的所有梁的实测同梁各束索力均值不均匀度统计数据得出的，主要反映的是张拉的质量。

(2)有效预应力同束不均匀度统计图与走势图

图5-15所示为一个合同段的有效预应力同束不均匀度统计图。有效预应力同束不均匀度的计算公式为：

$$有效预应力同束不均匀度=(最大值-最小值)/最大值 \tag{5-1}$$

注：式(5-1)中“最大值”、“最小值”均对同束有效预应力而言。

合同段综合情况表　　表 5-2

工程名称	×××
业主	×××
设计单位	×××
监理单位	×××
施工单位	×××
检测单位	×××
检测日期	××××年××月××日～××××年××月××日
合计检测孔数	109
合计检测梁数	30
实测质量平均得分	79.10 分
梳编穿束工艺评价	梳编穿束基本正常，但请注意进一步提高质量
张拉重复精度评价	张拉重复精度基本正常，但请注意油压表准确读数，进一步提高质量
张拉工艺评价	张拉施工良好，请注意保持

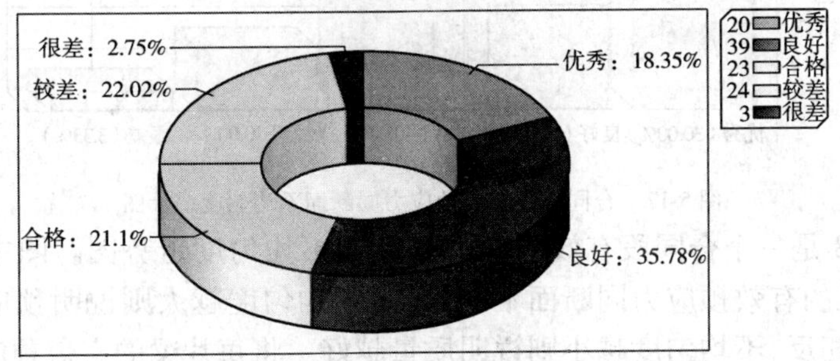

图 5-15　合同段的有效预应力同束不均匀度统计图

图 5-16 是一个合同段的有效预应力同束不均匀度走势图。图中一个圆点表示一个孔的有效预应力同束不均匀度，不均匀度越大则说明预应力束梳编穿束质量越不好；相反，不均匀度越小则说明质量越好。将各孔的有效预应力不均匀度按时间顺序由前到后排列在图中，从而可以看出有效预应力不均匀度的走势。如果不均匀度呈下降趋势，则说明预应力束安装质量在不断提高；如果不均匀度呈上升趋势，则说明预应力束安装质量在下降。

(3) 有效预应力同断面不均匀度统计图与走势图

图 5-17 所示为一个合同段有效预应力同断面不均匀度统计图。有效预应力同断面不均匀度计算公式为：

有效预应力同断面不均匀度 =(最大值 - 最大值)/最大值 (5-2)

注:式(5-2)中“最大值”、“最小值”均对同断面有效预应力而言。

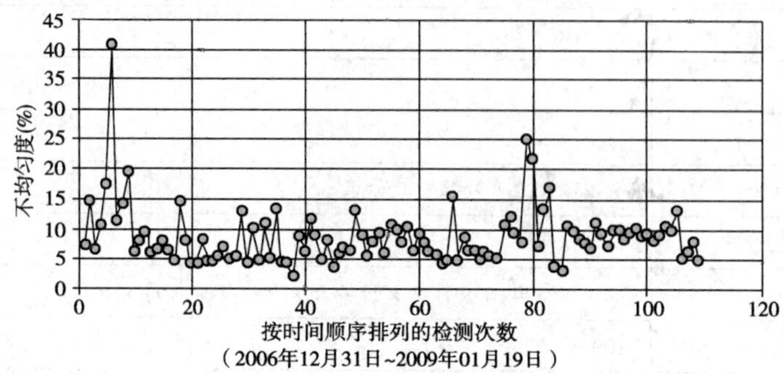

图 5-16 合同段的有效预应力同束不均匀度走势图

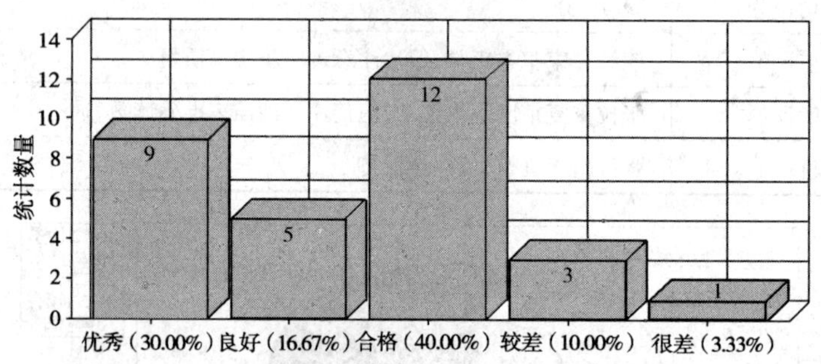

图 5-17 合同段的有效预应力同断面不均匀度统计图

图 5-18 是一个合同段有效预应力同断面不均匀度走势图。图中一个圆点表示一片梁的有效预应力同断面不均匀度,不均匀度越大则说明预应力张拉质量越不好;相反,不均匀度越小则说明质量越好。将每片梁的有效预应力不均匀度按时间顺序由前到后排列在图中,从而可以看出有效预应力不均匀度的走势。如果不均匀度呈下降趋势,则说明预应力张拉质量在不断提高;如果不均匀度呈上升趋势,则说明预应力张拉质量在下降。

2. 查看全桥预应力检测综合报告

全桥预应力检测综合报告主要包含对一座桥的目前检测的所有梁的质量统计图及走势图,并由此得出对该桥目前预应力施工的质量评价、存在问题及整改措施。

全桥预应力检测综合报告包含三部分内容:

(1)整桥预应力检测综合情况表;

(2)实测同梁各束索力均值不均匀度统计图和走势图;

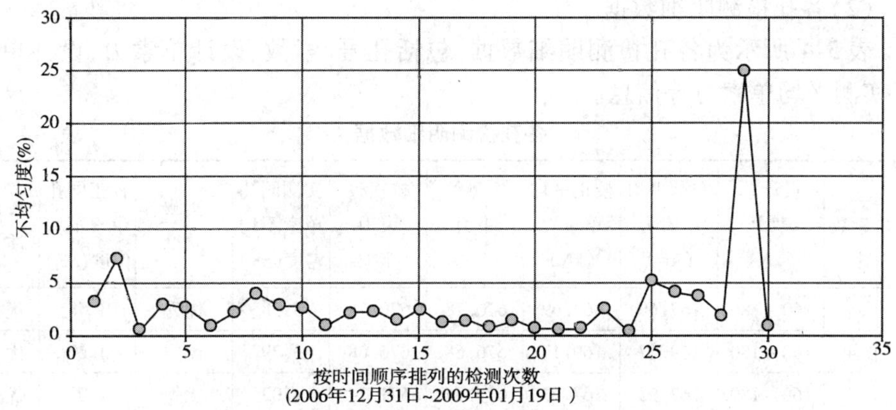

图 5-18　合同段的有效预应力同断面不均匀度走势图

(3)实测同梁各束索力均值不均匀度统计图和走势图。

其内容和图的含义与合同段的检测综合报告类似。

3. 查看梁的检测报告

梁的检测报告主要包含各预应力筋束的检测数据、各孔的统计数据,及对张拉施工的质量评价、存在问题和整改措施。

(1)梁的综合情况表

表 5-3 显示了某梁所属的业主、设计单位、监理单位、施工单位、检测日期等信息。其中“校正后束力不均匀度”是根据校正后的索力计算出来的。如果检测的索力全部合格,不需要校正,则校正后束力不均匀度与原束力不均匀度相等。

梁的综合情况表　　表 5-3

工程名称	×××桥
业主	×××
设计单位	×××
监理单位	×××
施工单位	×××
检测单位	×××
检测人员	×××　×××　×××
检测时间	××××年××月××日
束力不均匀度	1.38%
张拉质量	良好
校正后束力不均匀度	1.38%
校正后质量	良好
评价	张拉正常

(2)各孔检测明细数据

表5-4所示为各孔检测明细数据,包括孔号、索数、设计单索力、设计单索力、实测平均单索力等信息。

各孔检测明细数据　　表5-4

孔号	索数	设计单索力(kN)	实测平均单索力(kN)	校正平均单索力(kN)	实测整束力(kN)	校正整束力(kN)	实测同孔单索不均匀度(%)	实测质量	校正同孔单索不均匀度(%)	校正质量
1	4	160~180	167.69	167.69	670.78	670.78	3.58	优秀	3.58	优秀
2	4	160~180	169.17	169.17	676.68	676.68	3.29	优秀	3.29	优秀
3	4	160~180	167.93	167.93	671.74	671.74	4.02	优秀	4.02	优秀
4	4	160~180	170.04	170.04	680.18	680.18	8.94	合格	8.94	合格

(3)各索检测明细数据

表5-5所示为各索检测明细数据,包括孔号、索号、实测值、校正值等信息。其中,如果实测值在设计范围内,不需要校正,则校正值实际就是实测值。

各索检测明细数据　　表5-5

孔　号	索　号	实测值(kN)	校正值(kN)
1	1	167.00	167.00
	2	170.82	170.82
	3	168.27	168.27
	4	164.69	164.69
2	1	170.04	170.04
	2	166.30	166.30
	3	171.96	171.96
	4	168.38	168.38
3	1	170.89	170.89
	2	167.46	167.46
	3	164.01	164.01
	4	169.38	169.38
4	1	177.59	177.59
	2	165.45	165.45
	3	161.71	161.71
	4	175.43	175.43

二、检测查询

可通过设定合同段和时间范围进行如下四项查询：

1. 查询检测报告

系统将用表格的形式列出满足查询条件的所有检测报告中的桥名、梁号、孔数、各束索力实测最大均值、实测质量等数据(图5-19)。

有效预应力检测报告列表

排序：时间降序

总计【4】条『第1页/共1页』　首页 上一页 下一页 尾页 Go

合同段	桥名	检测时间	梁号	孔数	各束索力实测最大均值	各束索力实测最小均值	实测相对误差百分比	实测质量	校正相对误差百分比	校正质量		
G1	溶溪河大桥	2008-06-07	左幅9-5	3	171.07	170.62	0.26%	优秀	0.26%	优秀	查看	下载
G1	溶溪河大桥	2008-06-07	左幅9-4	3	171.24	168.83	1.40%	良好	1.40%	良好	查看	下载
G1	溶溪河大桥	2008-06-07	左幅9-2	3	170.95	167.84	1.81%	良好	1.81%	良好	查看	下载
G1	溶溪河大桥	2008-06-07	左幅10-5	3	169.96	167.27	1.58%	良好	1.58%	良好	查看	下载

总计【4】条『第1页/共1页』　首页 上一页 下一页 尾页 Go

图5-19　检测报告

2. 查询检测明细

系统将用表格的形式列出满足查询条件的所有检测报告中的各孔的孔号、所属梁、绞线数、实测最大值、实测最小值等数据(图5-20)。

有效预应力检测报告明细列表

总计【376】条『第1页/共13页』　首页 上一页 下一页 尾页 Go

合同段	桥名	检测时间	梁号	孔号	绞线数	实测最小值	实测最大值	实测整束索力	校正最小值	校正整束索力		
N10	朝天观大桥	2007-09-04	右幅第12跨第2片	1	7	139.46	146.07	994.70	153.34	1126.77	查看	下载
N10	朝天观大桥	2007-09-04	右幅第12跨第2片	2	6	146.78	154.11	909.23	150.85	927.10	查看	下载
N10	朝天观大桥	2007-09-04	右幅第12跨第2片	3	8	150.26	164.13	1260.26	150.26	1260.26	查看	下载

图5-20　检测明细

3. 查询检测进度

系统将列出所查询的合同段在指定时间范围内检测的梁数，从而掌握施工进度(表5-6)。

检测进度表　　表5-6

合同段	检测梁数	合同段	检测梁数
N10	51	N15	31
N11	38	N2	18
N12	21		

4. 查询不均匀度统计表

系统将列出所查询的合同段中每座桥在指定时间范围的质量统计表(表5-7),从而掌握施工质量变化情况。

不均匀度数量统计表　　表5-7

合同段	桥名	≤5%(检)	≤5%(校)	5%~8%(检)	5%~8%(校)	8%~10%(检)	8%~10%(校)	10%~20%(检)	10%~20%(校)	>20%(检)	>20%(校)	束数小记
G8	冉家湾大桥	27	27	17	17	4	4	0	0	0	0	48
G8	瓦厂坝大桥	1	1	11	11	8	8	0	0	0	0	20
G8	小米坝大桥	28	39	40	39	19	10	1	0	0	0	88
G8	酉阳南立交A匝道桥	0	0	0	3	4	6	7	3	1	0	12

三、张拉管理

可查询具体每束预应力筋的张拉过程控制报告,包括张拉控制图、停顿点记录、过程控制表。图5-21所示为预应力张拉过程拉力跟踪检测曲线。

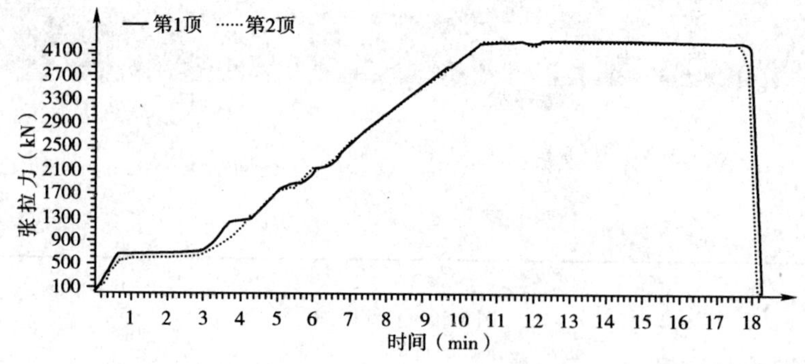

图5-21　张拉跟踪控制图

注:图中横坐标为张拉进行的时间,纵坐标为张拉力的大小。

表5-8中显示的是各顶在停顿时间段内的拉力最小值与最大值。由此可以看出泵的稳压性。

张拉跟踪停顿点记录表　表5-8

停顿点	15%	100%
时间段	00:42~02:51	10:36~17:21
设计力(kN)	644	4296
第1顶(kN)	645~712	4187~4274
第2顶(kN)	587~630	4203~4290

表5-9显示,以第1顶为基点,当第1顶的拉力达到控制点时,列出同一时间其他顶的拉力。由此可以看出张拉的同步性。表中所列出的差值为其他顶与第1顶差值的最大值。

同步张拉跟踪过程控制表　表5-9

控制点	50%	60%	70%	80%	90%	100%
时间	00:06:13	00:07:01	00:07:57	00:08:54	00:09:47	00:10:36
第1顶(kN)	2148	2577	3007	3437	3866	4274
第2顶(kN)	2123	2594	3023	3453	3888	4274
差值(kN)	25	17	16	16	22	0
百分比(%)	1.16	0.66	0.53	0.47	0.57	0

第六章　预应力器材及其质量检测

第一节　预 应 力 筋

一、预应力筋的材料

预应力混凝土结构所采用的钢丝、钢绞线、高强钢筋和精轧螺纹钢筋等的质量、力学性能指标应符合国家现行相关标准的规定。

1. 预应力混凝土用钢丝与钢绞线

高强钢丝是采用优质碳素钢盘条经过几次冷拔而形成的达到所需直径和强度的钢丝，由于含有较多的碳元素，属于硬钢型，强度较高，但脆性较大，极限变形量较小，无屈服平台。桥梁常用的高强钢丝主要为 ϕ5mm 和 ϕ7mm 两种规格。在小型先张法构件中，高强钢丝以单根平行布置；在后张法构件中，可以成束布置，每束 12 根、18 根、24 根钢丝不等，甚至 50～60 根为一束。

钢绞线是用多根冷拉钢丝在绞线机上成螺旋形绞合，以一种较粗的直钢丝为中心，其余钢丝围绕其进行螺旋状绞合，再经低温回火处理而成。钢绞线截面集中，直径较大，比较柔软，运输和施工方便，便于操作，与混凝土或灌浆材料咬合均匀且充分，具有良好的锚固延性，因而被越来越广泛地应用。

后张法预应力混凝土结构，宜选用高强度低松弛钢绞线；先张法预应力混凝土构件中，宜采用刻痕钢丝、钢绞线等。

钢绞线和钢丝的抗拉强度标准值，取自现行国家标准规定的极限抗拉强度。钢绞线和钢丝的屈服点为其抗拉强度的 0.85 倍。钢绞线和钢丝的抗拉强度设计值取为 $f_{pd}=f_{pk}\times0.85/1.25=f_{pk}/1.47=0.68f_{pk}$，即将其抗拉强度标准值除以材料分项系数 $\gamma_{fs}=1.47$ 得到。体外最大张拉应力可取为 $0.8f_{pk}$（考虑到张拉中单索受力不均匀，0.8/0.85＝0.94，即为屈服强度的 0.94 倍）。按照现行国家标准规定，钢绞线和钢丝的屈服点为其抗拉强度的 0.9 倍，则其抗拉强度设计值可取为 $f_{pd}=f_{pk}\times0.9/1.25=f_{pk}/1.39$，单索张拉控制应力（体外）最大可取为 $0.94\times0.9=0.85f_{pk}$。

钢丝、钢绞线其质量和力学性能应符合相应国家标准《预应力混凝土用钢丝》（GB/T 5223—2002）、《预应力混凝土用钢绞线》（GB/T 5224—2003）等的要求，其力学性能包括屈服强度、极限强度、延伸率、松弛率、弹性模量等。

2. 预应力混凝土用钢筋

精轧螺纹钢筋是通过热轧方法在整根钢筋表面上轧出不带纵肋而横肋为不相连梯形螺纹制成的。这种钢筋在任意截面处都能拧上带有内螺纹的连接器进行接长，或拧上特制的螺母进行锚固，无需冷拉与焊接，施工方便。

精轧螺纹钢筋多用于预应力混凝土连续梁的竖、横向预应力筋，也有用于旧桥维修加固以及中小型构件的。鉴于其在工程实际中的使用情况，也属于预应力筋范畴。为保证施工质量，精轧螺纹钢筋必须符合现行国家相关标准的有关规定。

精轧螺纹钢筋分为 JL540、JL785 和 JL930 三个级别，其抗拉强度标准值取自现行行业标准的屈服点。

3. 无粘结预应力筋

无粘结预应力筋是以专用的防腐润滑脂作为涂料层，由聚乙烯塑料作为护套的钢绞线或碳素钢丝束。在施加预应力后，无粘结预应力筋沿全长与周围混凝土没有粘结，构件变形时无粘结预应力筋可以在管道里自由地滑动。无粘结预应力筋的涂料层具有良好的化学稳定性；对周围的材料无侵蚀作用，不透水，不吸湿，抗腐蚀性能强；润滑性能好，摩擦阻力小。

无粘结预应力筋的护套材料宜采用聚乙烯或聚丙烯，不得采用聚氯乙烯。护套材料应具有足够的韧性、抗磨及抗冲击性，对周围材料应无侵蚀作用，在规定的温度范围内，低温应不脆化，高温化学稳定性好。

4. 体外预应力筋

体外预应力混凝土结构所采用的预应力束一般由钢绞线组成，包括普通光面钢绞线、镀锌钢绞线或环氧喷涂钢绞线，及外包聚乙烯防护的无粘结钢绞线、环氧喷涂无粘结钢绞线、环氧喷涂无粘结钢绞线成品索等。

二、预应力筋的制作

1. 预应力筋制作环境

预应力筋的制作应在专用预应力筋加工车间内或工作台上进行。无粘结预应力筋制作时，涂料层的涂敷和护套的制作应一次完成，钢绞线、钢丝束中的每根钢丝均不得有接头或死弯；涂料层油脂应充足饱满、沿预应力筋全长连续，护套厚薄均匀。

预应力筋的制作在预应力工程施工中比较关键，应加强控制，严格按照规范及设计要求进行。一般大型工程中均应设置具有良好防雨、防尘、防污染设施的专用预应力筋加工车间。若预应力工程量较小或无合适的场地时,也应设置有防雨、防污染的预应力筋制作工作台。不得在没有任何防护设施的场地上进行预应力筋制作。

2. 预应力筋的下料

预应力筋的下料应通过计算确定,符合预应力筋设计尺寸及张拉工艺的需要。下料一般应在平坦的场地上进行,长度测量误差应控制在 -50 ~ +100mm 以内,不应使钢丝直接接触地面。钢丝束两端采用镦头锚具时,若钢丝束长度小于或等于 20m,则同一束中各根钢丝下料长度的相对差值不大于其长度的 1/3000;若钢丝束长度大于 20m,则同一束中各根钢丝下料长度的相对差值不大于其长度的 1/5000,且不大于 5mm;长度不大于 6m 的先张法构件,当钢丝成组张拉时,同组钢丝下料长度的相对差值不得大于 2mm。

对于镦头锚用钢丝,下料长度十分重要,直接影响单根受力均匀度,必须严格符合规程要求;对于钢绞线,下料长度没有钢丝严格,可按下列公式计算:

(1)两端张拉

$$L = l + 2(l_1 + l_2 + 100) \quad (6\text{-}1)$$

(2)一端张拉

$$L = l + 2(l_1 + 100) + l_2 \quad (6\text{-}2)$$

式中:L——钢绞线下料长度(mm);

l——构件的管道长度(mm);

l_1——夹片式工作锚厚度(mm);

l_2——张拉用千斤顶长度(含工具锚,mm)。

钢丝、钢绞线及精轧螺纹钢筋的切断,可采用切断机或砂轮锯,不得采用电弧切割。用电弧或乙炔—氧气切割,会使切割部位受高温加热而改变物理力学性能,难以保证预应力筋的质量。

3. 梳束与编束

下料完毕后,进行预应力筋的梳束、编束时,同束内必须采用强度相等的预应力钢材;用锚具梳顺钢绞线,由锚具锥孔大端穿入;锚具各孔事前需一一做好编号,注意编号时锚具孔号与绞线单索编号一致;每隔 1 ~ 1.5m 绑扎一次,以使绞线顺直;绑扎成束顺直不扭转,以便于穿束;严禁在钢绞线不顺直的情况下绑扎成束。

绑扎时应按照规定的排列顺序,将钢绞线平顺排列,使其一端对齐,编距为

1.0～1.5m。

分段张拉锚固的预应力束，各孔内绞线极易缠绕，对预应力束的梳、编、穿束工艺提出了更高的要求。带挤压套的绞线在完成P型锚具（连接器周边槽）安装后必须逐根编号，套入锚具进行梳理，锚具各孔位也应做好对应编号，此位置应与锚具安装孔位保持一致。P型锚具与梳理锚具之间各绞线线形应圆顺，没有缠绕现象发生。同时应采用扎丝对已梳理顺直的绞线逐段绑扎，绑扎间距不宜大于1m。

这样做的目的是确保预应力筋平顺不扭结，绑扎牢固，使其在安装过程中不散索；并保证张拉时各单根预应力筋的受力均匀，确保施工质量。

三、预应力筋的验收

1.预应力钢丝的验收

预应力钢丝进场时应对其外观质量进行逐盘（卷）检查，钢丝表面不得有油污、裂纹或机械损伤，表面允许有回火色和轻微浮锈；钢丝的力学性能应按批抽样试验，分别做拉伸试验和弯曲试验，试验结果必须符合现行《预应力混凝土用钢丝》（GB/T 5223）的规定。

钢丝的力学性能分批抽样检验方法：每批质量不大于60t，先从每批中抽查5%，但不少于5盘，进行形状、尺寸和表面检查，如不合格，则将该批钢丝逐盘检查。在上述检查合格的钢丝中抽取5%，但不少于3盘，在每盘钢丝的两端取样进行抗拉强度、弯曲和伸长率的试验。试验结果如有一项不合格时，则不合格盘报废，并从同批未进行试验的钢丝盘中取双倍数量的试样进行该不合格盘的复验，如仍有一项不合格，则该批钢丝为不合格。

2.预应力钢绞线的验收

预应力钢绞线进场时必须对其外观质量逐盘检查，钢绞线表面不得有油污、锈斑或机械损伤，允许有轻微浮锈；钢绞线的捻距应均匀，切断后不松散。钢绞线的力学性能应按批抽样进行拉伸试验；试验结果必须符合现行《预应力混凝土用钢绞线》（GB/T 5224）的规定。

检验钢绞线的力学性能时按批抽样检验方法：从每批（每批钢绞线的质量不大于60t）钢绞线中任取3盘，并从每盘所选的钢绞线端部正常部位截取一根试样进行表面质量、直径偏差和力学性能试验。如每批少于3盘，则应逐盘取样进行上述试验。试验结果如有一项不合格时，则不合格盘报废，并再从该批未进行试验过的钢绞线中取双倍数量的试样进行该不合格盘的复验，如仍有一项不合格，则该批钢绞线不合格。

此外，还应对预应力钢绞线进行应力松弛性能试验、疲劳性能试验、偏斜拉伸试验，以判定是否符合现行《预应力混凝土用钢绞线》(GB/T 5224)的要求。对设计文件中指定要求的钢绞线应力松弛性能、疲劳性能和偏斜拉伸性能等，应在订货合同中注明交货条件和验收要求。

3. 精轧螺纹钢筋的验收

精轧螺纹钢筋的外观质量应逐根检查，钢筋表面不得有裂纹、局部缩颈，其螺纹制作面不得有凹凸、擦伤或裂痕，端部应切割平整；螺纹钢筋的力学性能应按批抽样进行拉伸和冷弯试验。

精轧螺纹钢筋的力学性能也应分批进行检验，每批质量不大于100t，对表面质量应逐根目视检查，外观质量合格后在每批中任选2根钢筋截取试件进行拉伸试验。试验结果如有一项不符合要求时，则另取双倍数量的试件重做全部各项试验，如仍有一根试件不合格，则该批钢筋为不合格。用于拉伸试验的试件，不允许进行任何形式的加工。

4. 无粘结预应力筋用钢丝、钢绞线的验收

无粘结预应力筋用的钢丝、钢绞线，其质量除应符合以上有关规定外，其中钢绞线还必须符合《无粘结预应力钢绞线》(JG 161—2004)的相关规定。制作无粘结预应力筋所选用的高强度低松弛预应力钢绞线，其性能应符合《公路桥涵施工技术规范》(JTJ 041—2000)附录G-2表的要求。

无粘结预应力筋中的每根钢丝均应由整根钢丝组成，不得有接头及死弯。护套材料应具有足够的韧性、抗磨、抗冲击性，对周围材料无腐蚀性，在规定的温度范围稳定性要好。护套表面应光滑、无裂缝、无凹陷、无可见钢绞线轮廓、无气孔、无机械损伤。护套采用的高密度聚乙烯管，其质量应符合现行《聚乙烯(PE)树脂》(GB 11115)的规定，并应满足相关的温度内压等要求。

当全部检验项目均符合技术要求时，该批产品为合格品；如检验结果有不合格项目，则应对不合格项目再加倍取样进行复验，若复验结果仍不合格，则该产品为不合格。

5. 成品预应力筋的验收

对成品预应力筋进行验收，签发合格证，挂标识牌，是预应力筋质量控制的重要措施，目的是防止不合格预应力筋进入安装工序或将筋束装错孔号，一旦预应力筋发生质量问题，可以很快查出原因。

为便于穿束过程中调整筋束，使其不发生扭转，在索体两端安装工作锚、工具锚时，不得使预应力筋交叉错位而相互缠绕；制索时应对每一根预应力筋进行编号，且每根预应力筋两端编号应相同。

合格预应力筋束应按编号整齐、平顺地存放在距地面 20cm 以上的支架或垫木上,不得叠压存放。支架间距 1.0 ~ 1.5m,并进行临时防护。筋束存放地应干燥、通风,不得接触有腐蚀性的物质。

四、预应力筋的保护

预应力筋材料必须保持清洁,在存放和搬运过程中应避免机械损伤和锈蚀。如进场后需长时间存放,必须安排定期的外观检查。

预应力筋在仓库内保管时,仓库应干燥、通风、无腐蚀气体和介质。在室外存放时,时间不宜超过 6 个月;不得直接堆放在地面上,可采取垫以枕木并用苫布覆盖等有效措施,距地面高度不少于 20cm;且预应力钢丝堆放高度不宜大于 5 盘,钢绞线堆放高度不大于 3 盘;上面用防雨布覆盖,防止雨露和各种腐蚀性气体、介质的影响。

预应力筋运输中,应有必要的防护措施,防止摩擦损坏外包装或被雨淋,被油、尘土污染。

无粘结筋束搬运和装卸中,都必须采取严密而有效的防护措施,保证筋束不被碰撞、挤压、摩擦,防止预应力钢绞线 PE 套管破损。

预应力筋的运输与搬运应根据筋束的特性、长度、质量以及运距、运量、道路或场地状况等编制详细的方案,确定最佳的运输搬运方式和运送过程中的防护措施等。

(1)水平搬运预应力筋束的各支点间距不宜超过 2.0m,弯曲半径不宜小于 3.0m。在水平搬运预应力筋束时,注意防止筋束(尤其是无粘结筋束)在运送过程中受到摩擦和损伤。

(2)在对预应力筋束进行垂直运输时,为防止筋束在起吊过程中局部受力过大而造成钢绞线局部折弯损伤,应根据吊运中的状态,合理设置吊点,其间距一般不大于 3.0m。同时为便于筋束安装顺利、安全、快捷,除主吊具需牢固可靠外,其他吊点采用触地即可自动松开的装置。

(3)钢绞线穿入管道时,应保持外表面干净,不得拖带污物;穿束以后,将其锚固夹持段及外端的浮锈和污物擦拭干净。由于钢绞线表面不清洁造成锚具夹片螺牙堵塞的事故时有发生,所以,预应力施工时必须保证预应力筋的清洁。

起吊预应力筋时,应使用不会对其构成损伤的吊具、锁具;起吊过程中,应注意观察其运行方向,避免被其他物体撞击;装卸时严禁碰撞、摔打。

第二节　锚具、夹具和连接器

一、锚具、夹具和连接器的性能要求

预应力锚具、夹具和连接器是保证预应力混凝土结构安全可靠的技术关键，在后张法构件中，它又作为构件的一部分，长期固定在构件上以维持预应力。它应符合下列要求：锚固性能安全可靠且不能损伤钢筋；滑移、变形小，预应力损失小；构造简单，易加工，施工方便；用钢量少，价格便宜；施工设备简便，张拉锚固迅速。

预应力筋锚具、夹具和连接器应具有可靠的锚固性能、足够的承载能力和良好的适用性，其外观及性能（包括硬度、静载锚固性能、动载锚固性能、疲劳性能及承受周期荷载性能等）应符合现行《预应力筋用锚具、夹具和连接器》（GB/T 14370）及《预应力筋用锚具、夹具和连接器应用技术规程》（JGJ 85）的相关规定。有抗震要求的重要结构必须做周期荷载试验。

锚具、夹具应按设计要求采用，选择有资质、信誉好、技术成熟的生产厂家。锚具应满足分级张拉、补张拉的要求。夹具应具有良好的自锚性能、松锚性能和重复使用性能。

1. 锚具的性能要求

（1）锚具的锚固性能，应满足静载锚固性能、动载疲劳性能，及在抗震结构中承受周期荷载和疲劳性能的要求。

（2）当预应力筋锚具组装件达到实测极限拉力 F_{apu} 时，除锚具设计的允许现象外，全部零件均不应出现肉眼可见的裂缝或破坏。

（3）锚具应按设计要求采用，满足分级张拉、补张拉以及放松预应力筋的要求。

（4）锚固过程中预应力筋的内缩量应符合要求。

2. 夹具的性能要求

（1）预应力筋夹具的静载锚固性能应满足 $\eta_g \geqslant 0.95$。

（2）当预应力筋夹具组装件达到实际极限拉力时，全部零件不应出现肉眼可见的裂缝和破坏。

（3）有良好的自锚性能。

（4）有良好的放松性能。

（5）主要锚固零件应镀膜防锈，能安全地重复使用。

(6)需敲击才能松开的夹具,必须保证其对预应力筋的锚固没有影响,且对操作人员的安全不造成危害。

3. 连接器的性能要求

用于后张法的连接器,必须符合锚具的性能要求;用于先张法的连接器,必须符合夹具的性能要求。

在先张法或后张法施工中,张拉后永久留在混凝土结构或构件中的连接器,都必须符合锚具的性能要求。其中中心有锥孔(夹片孔)的部分就作为一般锚具使用,在连接器的周边开有固定槽,用来固定带有挤压套的钢绞线,从而在张拉时作为固定锚具使用。如为张拉后必须放张和拆卸的连接器,则必须符合夹具的性能要求,放张后要多次重复使用。

4. 特殊预应力筋锚具、夹具和连接器的性能要求

锚具和钢绞线组成的无粘结索,应保证能对钢绞线实施单索更换。后张结构所用锚具或其附件上应设置压浆孔或排气孔。压浆孔应有足够的截面面积,以保证压浆时浆液畅通。

无粘结预应力筋锚具夹片必须有良好的跟进性能和可靠的防松装置。无粘结预应力筋与锚具组装件必须进行周期荷载性能试验,试验后,锚具夹片若有微裂纹产生(磁粉探伤检查),则为不合格产品,不能用于无粘结预应力筋的锚固。

体外束的锚固体系必须与束体的形式组成相匹配,可采用常规后张锚固体系或体外束专用锚固体系,其性能应符合以上相关要求。有整体调束要求的钢绞线夹片锚固体系,可采用锚固外螺母支撑受力方式。

二、锚具、夹具和连接器的检测

1. 外观检查

从每批中抽取10%的锚具且不少于10套,检查其外观质量及外形尺寸,按照产品技术条件确定其是否合格。所抽取的每套样品均不得有裂缝出现,当其中有一套表面有裂纹或尺寸超过允许偏差时,则另取双倍数量进行检查;若仍有一套不合格,则本批锚具应逐套检查,合格者方可进入下一步检验组批。

2. 硬度检验

对硬度有严格要求的锚具零件,应进行硬度检验。从每批中抽取5%且不少于5套锚具,按照产品设计规定的表面位置及硬度范围做硬度试验。有一个零件不合格时,应另取双倍数量的零件重做检验;如仍有一件不合格,则对该批产品逐个检验,合格者方可进入后续检验组批。

3. 周期荷载性能试验

周期荷载试验是十分重要的,有些锚具经疲劳荷载试验合格,但在进行周期荷载试验时夹片却出现裂纹。终生受力的锚具,若夹片有微裂纹产生,必将导致锚固失效,造成工程事故。

用于有抗震要求结构中的锚具、预应力筋—锚具组装件应满足循环次数为50次的周期荷载试验。

当锚固的预应力筋为钢丝、钢绞线时,试验应力上限取预应力筋抗拉强度标准值f_{pk}的80%,下限取预应力筋抗拉强度标准值f_{pk}的40%。

当锚固的预应力筋为有明显屈服台阶的预应力钢材时,试验应力上限取预应力钢材抗拉强度标准值f_{pk}的90%,下限取预应力钢材抗拉强度标准值f_{pk}的40%。

试件经50次循环荷载后,预应力筋在锚具夹持区域不应发生破断,并且锚具无任何破损现象。

4. 静载锚固性能试验

在已通过外观检查及硬度试验的锚具中抽取6套样品,与符合试验要求的预应力筋组装成3个预应力筋—锚具组装件,委托专业质量检测机构进行静载锚固性能试验。试验采用的锚具和预应力筋必须是工程上使用的,试验结果应单独评定。试验结果有一个试件不符合要求时,应另取双倍数量的锚具重做试验;如仍有一个试件不符合要求,则该批锚具判为不合格。

试验过程中,当预应力筋—锚具组装件达到实测极限拉力时,应由预应力筋的断裂而不是锚具的破坏导致试验的终结。试验过程中应测量、观察的项目和对试验结果的要求如下:

(1)选取有代表性的若干根预应力钢材,按施加荷载的前4级,逐级测量其与锚具(夹具、连接器)之间的相对位移Δa。Δa应与预应力筋的受力增量成比例变化;如不成比例,应检查预应力钢材是否失锚滑动,否则会出现滑丝事故。

(2)选取锚具(夹具、连接器)若干有代表性的零件,按施加荷载的前4级,逐级测量其间的相对位移Δb。Δb应与预应力筋的受力增量成比例变化;如不成比例,应检查相关零件(锚环、锚板等)是否发生了塑性变形,否则会出现飞锚事故。

(3)在预应力筋应力达到$0.8f_{pk}$时,在持荷1h期间,Δa、Δb应保持稳定。如继续增加荷载,Δa、Δb不能稳定,则表明已失去可靠锚固能力。

(4)夹片式锚具的夹片在预应力筋应力达到$0.8f_{pk}$时不允许出现裂纹和破

断;在满足规定的情况下允许出现裂纹和纵向断裂,不允许横向、斜向断裂及碎断。但对于无粘结筋不允许出现任何裂纹。

5. 疲劳性能试验

用于主要承受动荷载的锚具,其预应力筋—锚具组装件尚应满足循环次数200万次的疲劳性能试验要求。疲劳应力幅度按照现行《预应力筋用锚具、夹具和连接器应用技术规程》(JGJ 85)的规定取用。

6. 锚固端摩阻损失试验

本项试验是测定张拉千斤顶工具锚下至喇叭形垫板收口处的预应力损失。它包括预应力筋在锚具中(锚口)的摩阻损失和在喇叭形垫板中两次弯折所引起的拉力损失。

试验可在模拟锚固区的混凝土块体或张拉台座上进行,锚具、垫板及附件应安装齐备,两端安装千斤顶及传感器。用传感器测出锚具前后两侧拉力差值即可算出锚固端摩阻损失,通常以张拉力的百分率计。试验用的试件可在锚具规格系列中选取3种规格,试件数量不应少于3个,取平均值。

第三节　管　　道

预应力管道一般采用金属或塑料制作而成,制作半刚性波纹状金属螺旋管的钢带应符合现行《铠装电缆冷轧钢带》(GB 4175.1)和《铠装电缆镀锌钢带》(GB 4175.2)的有关规定;塑料波纹管应符合现行《预应力混凝土桥梁用塑料波纹管》(JT/T 529)的有关规定。

一、管道的分类

1. 金属波纹管

刚性或半刚性管道一般应为金属材料。刚性管道应具有光滑的内壁并可被弯曲成适当的形状而不出现蜷曲或被压扁;半刚性管道应是波纹状的金属螺旋管。在实际工程中,传统的金属管道能形成对预应力筋的防护,但在混凝土开裂或在使用时间过长的情况下,仍有锈蚀的可能,往往不能对预应力筋起到良好的保护作用。为提高管道的防腐蚀性能,金属管道应尽量采用镀锌材料制作。制作半刚性波纹状金属螺旋管的钢带厚度应根据管道直径及是否有特殊用途而定,一般情况下厚度不宜小于0.3mm。

金属波纹管具有质量小、空心率高、较强的握裹力、刚性强、不破裂、不漏浆等特点,且具有很强的抗拉性、抗压性。

2. 塑料波纹管

预应力塑料波纹管是由高密度聚乙烯(HDPE)经塑料挤出机挤出成型的单壁波纹管。它具有良好的耐腐蚀性,提高了对预应力筋的防腐保护;具有良好的物理性能,不导电,可防止杂散电流腐蚀,密封性能好,不生锈;荷载作用下不渗透,强度高,刚度大,抗冲击性好,不怕踩压;可减少张拉过程中预应力的摩阻损失。

塑料波纹管要达到以上要求,需通过如下具体指标来进行评价:弯曲性能、柔韧性、径向刚度、轴向承载力、密封性、耐磨性、钢绞线的粘结性、摩擦系数和系统工艺性试验。

二、管道的验收

管道(波纹管)应具有足够的强度,能够满足现场安装和施工的要求,且能按要求传递粘结应力。

后张法有粘结预应力混凝土结构中,预应力筋的管道由混凝土中的刚性或半刚性管道构成,浇筑混凝土时管道不允许有漏浆现象。管道应具有足够的强度,以使其在混凝土的重力作用下能保持原有的形状,且能按要求传递粘结应力;也应具有可弯曲度,能够满足预应力筋曲线布置的要求。

波纹管外观必须清洁,内外表面无油渍,无引起锈蚀的附着物,无孔洞和不规则的褶皱,咬口无开裂、无脱扣。在未采取稳妥保护措施前,禁止在管道附近进行电焊及氧炔焰作业。

波纹管应存放于干燥、通风、无腐蚀性气体和介质的地方,不可直接堆放在地上;必须加以覆盖,注意防雨防晒;搬运时轻拿轻放,不得抛摔或拖拉;吊装时不得以一根绳索拦腰捆绑起吊。

金属螺旋管进场时,除应按出厂合格证和质量保证书核对其类别、型号、规格及数量外,还应对其外观、尺寸、集中荷载下的径向刚度、荷载作用后的抗渗漏及抗弯曲渗漏等进行检验,工地自行加工制作的管道也应进行上述检验。金属螺旋管应按批进行检验,每批应由同一钢带生产厂生产的同一批钢带所制造的金属螺旋管组成。累计半年或50000m生产量为一批;不足半年产量或50000m也作为一批的,则取产量最多的规格。当有不合格项目时,应以双倍数量的试件对该不合格项目进行复检;仍不合格时,则该批产品不合格。

塑料波纹管进场时,除应按出厂合格证和质量保证书核对其类别、型号、规格及数量外,还应对其外观、尺寸及密封性等进行检测。塑料波纹管应按批进行检验,每批应由同一配方、同一生产工艺、相同设备稳定连续生产的一定数量的产品组成,每批数量不应超过10000m。

第四节　混　凝　土

一、混凝土的强度要求

预应力混凝土要求采用高强混凝土,其原因首先是采用与高强预应力筋相匹配的高强混凝土,可以充分发挥材料的强度,从而能够有效减小构件截面尺寸和自重,以适应大跨径的要求;其次是高强混凝土具有较高的弹性模量,从而具有更小的弹性变形和与强度有关的塑性变形,可以减小预应力损失;此外,高强混凝土具有更高的抗拉强度、局部承压强度及与钢筋的粘结力,故可推迟构件正截面和斜截面裂缝的出现,有利于预应力筋的锚固。预应力混凝土不仅应高强而且还要早期高强,以便早期施加预应力,提高构件的生产效率和设备的利用率。

二、混凝土的收缩、徐变

混凝土的收缩、徐变越大,预应力损失也就越大,这对于预应力混凝土结构是很不利的。因此,在预应力混凝土构件的施工中,应尽量设法减小混凝土的收缩和徐变,并应尽量准确地估算混凝土的收缩和徐变。

1. 收缩变形

收缩变形是混凝土材料因物理和化学作用导致体积缩小的总称。收缩能使混凝土产生内应力,导致路面或桥梁结构发生变形,甚至裂缝,从而降低其强度和刚度。此外收缩还能使混凝土内部产生内应力或微裂缝,破坏混凝土的结构,降低混凝土的耐久性。对于预应力混凝土结构,由于混凝土收缩,会产生应力损失。

(1)影响混凝土收缩变形的因素主要有:

①水泥用量:水泥用量越多,收缩应变越大;水灰比越大,收缩值也越大。

②水泥品种:高强度等级水泥的收缩量较大。

③集料品质:集料的弹性模量大,则收缩小。

④养护条件:在混凝土硬化时,周围环境湿度大,则收缩小,故蒸汽养护的收缩值要比自然条件下养护时小。

⑤制作条件:混凝土振捣越密实,收缩值越小。

⑥工作环境:构件工作环境的湿度大,则收缩值小。

⑦构件体积与表面积的比值大,则收缩值小。

(2)在施工中为减少混凝土收缩变形,往往采用如下措施:

①正确设计密级配集料并提高集浆比,使集料在混凝土中形成密实骨架。

②采用弹性模量较高的岩石所轧制的集料。

③在混凝土配合比中除了采用较低的用水量和低的水灰比外,还应重视水泥品种的选用。

④正确选用外加剂,不掺加氯盐早强剂。

⑤采用蒸养或蒸压养护。

2. 徐变变形

混凝土在持续荷载作用下,随时间增加的变形称为徐变变形。徐变使混凝土产生内应力,导致桥梁结构发生变形,甚至裂缝,从而降低其强度和刚度。对于预应力混凝土结构,由于混凝土徐变,会产生应力损失。

(1)影响混凝土徐变的因素主要有:

①混凝土组成的原材料:水泥用量多,水灰比大,则徐变也大;增加集料的比例、集料坚硬,徐变小;水泥品种、外加剂、构件制作方法及养护条件、配筋量多少等都对徐变有影响。

②加载应力的大小:若混凝土承受的压应力低于 $0.5f_{ck}$,亦即不超过轴压强度的一半,则徐变应力与应力大体上呈线性关系;当压应力大于 $0.5f_{ck}$ 时,徐变变形与应力不再呈线性关系。在持续高压应力作用下,徐变将急剧增加而不再收敛,呈现非稳定徐变现象,从而导致混凝土的破坏。

③加载龄期:增大首次加载时混凝土的龄期有利于减小徐变。

④周围环境湿度:外界相对湿度越低,水分越易外逸,徐变就越大,反之则越小。

⑤构件形状和尺寸:构件外形尺寸越大,内部湿度越接近饱和,其徐变越小;相反,小构件的徐变则较大。

(2)在施工中为减少混凝土徐变变形,往往采用如下措施:

①选用小的水灰比,并保证潮湿养护条件,使水泥充分水化,形成结构密实的水泥石。

②选用级配优良的集料,并采用较高的集浆比,提高混凝土的弹性模量。

③选用快硬高强水泥,并适当采用早强剂,提高混凝土的早期强度。

④推迟预应力张拉时间。

第五节　水　泥　浆

压浆材料的作用主要有两点：保护预应力筋，以免锈蚀；使预应力筋与构件有良好有效的粘结，以控制裂缝的间距并减轻锚具的负荷。

水泥浆性能应符合下列要求：密实、匀质；有较高的抗压强度和粘结强度；有较好的流动性和抗冻性，并具有快硬性质。

为了减少水泥结硬时的收缩，保证管道内水泥浆密实，可在灰浆中掺加适量的膨胀剂，但其自由膨胀率应小于10%。水泥浆的水胶比应低于本体混凝土，同时宜不大于0.4；拌和后3h，浆体泌水率不宜大于2%，最终不超过3%，泌水应在24h内重新全部被浆体吸收；浆体稠度宜控制在14～18s之间。

管道压浆用的水泥浆应具有较大的流动性、较小的干缩性和泌水性；压浆用水应是可应用的清洁水，不含对水泥或预应力筋有害的物质，不得使用海水；外加剂用于管道压浆时，应不含对预应力筋有腐蚀性的氯化物、硫化物及硝酸盐等。

水泥浆强度不应低于M30级。水泥浆试块采用边长为70.7mm的立方体。对空隙较大的管道，水泥浆中可掺入适当的细砂，灰浆强度不应低于M20级。

第七章　预应力张拉施工准备

第一节　管道布置和安装

一、管道布置

管道在混凝土浇捣时留置。管道的尺寸与位置应正确，预留管道的位置，也就是预应力束的位置。如果管道位置不正确，就会使预应力束位置偏移，张拉后会使构件受力不均，容易引起翘曲，影响构件质量。

根据预应力筋束的直径及设计要求，选择合适直径的管道。

对于粗钢筋，管道的直径应比预应力筋直径、钢筋对焊接头处外径或需穿过管道的锚具或连接器外径大 10～15mm；对于钢丝或钢绞线，管道的直径应比预应力束外径或锚具外径大 5～10mm，且管道面积应大于预应力筋面积的 2 倍，一般情况下，管道的内截面面积至少是预应力筋净截面积的 2.0～2.5 倍。如果由于某种原因，管道与预应力筋的面积比低于给定的极限，则需通过试验验证其是否可以进行正常的压浆作业。对于超长钢束的管道，亦应通过试验来确定其面积比。

预应力筋管道之间的净距不应小于 50mm，管道至构件边缘的净距不应小于 40mm。凡需要起拱的构件，预留管道宜随构件同时起拱。

二、管道安装

管道的安装要保证其畅通，管道不畅通，不仅穿筋困难，而且会产生很大摩阻力，影响张拉力的准确性；应保证管道的线形平顺，接头不漏浆等。管道成型的质量，直接影响到预应力筋的传入与张拉，应严格控制（表 7-1）。

管道安装允许偏差　　　　表 7-1

项　　目		允许偏差（mm）	检查方法和频率
管道坐标	梁长方向	30	抽查 30%，每根查 10 个点
	梁高方向	10	
管道间距	同　　排	10	抽查 30%，每根查 5 个点

安装管道时,应去掉端头毛刺、卷边和折角,严格保证管道直线平顺、曲线圆滑,管壁无破损、接头密封良好,各断面定位准确,牢固可靠,以保证穿束顺利,压浆通畅不泄漏。

波纹管的接长应尽量布置在直线段,可采用直径稍大的同型波纹管作为接头管。连接时被接管应旋进套管内100mm以上,接头两端与被接管交接处必须用密封胶带或塑料热缩管封裹,以防接缝处进浆堵塞管道。波纹管与锚杯之间宜采用专用接头连接,防止水泥浆渗进锚孔内。波纹管的排气管根据需要设置,若采用排气管,应采用带排气管的专用三通接头连接。

为保证安装质量,应事先按设计图纸中预应力筋的曲线坐标,在相应的结构钢筋上定出曲线位置及线形,并用钢筋托架固定,间距要符合设计要求。安装就位后,必须用铁丝将管道与钢筋托架固定,以防预应力管道偏离设计位置。

波纹管安装就位后,必须用铁丝将波纹管与钢筋托架绑在一起或在波纹管顶部绑一根钢筋,以防浇筑混凝土时波纹管上浮而引起严重的质量事故。波纹管安装就位过程中应尽量避免反复弯曲,以防管壁开裂;同时,还应防止电焊火花烧伤管壁。波纹管安装后,应检查波纹管的位置、曲线形状是否符合设计要求,波纹管的固定是否牢靠,接头是否完好,管壁有无破损等,如有破损,应及时用胶粘带修补。从梁整体上看,波纹管在梁内应平坦;从梁侧看,波纹管曲线应平滑连续。波纹管安装完毕,接头之间应用塑料胶布封闭;然后由灌浆孔开始做闭水试验,检查波纹管是否漏水,对漏水处要用塑料胶布封闭;做完闭水试验,从波纹管最低的部位开始放干净波纹管内的水;最后封闭波纹管。

第二节 锚具、夹具和连接器安装

锚固体系组成部件(锚具、夹具、连接器、锚垫板)的材质、几何尺寸必须符合设计要求,锚具必须成套使用,锚垫板喇叭口的长度与放大角度必须符合标准要求。

预应力混凝土结构工程用锚具的锚固部位,应根据锚具型号、预应力筋数量、混凝土强度等级等条件,进行局部承压验算。锚具间距应满足最小间距要求。

锚具安装时必须位置准确,固定牢靠,锚垫板与预应力筋在锚固区及其附近应相互垂直。锚垫板轴线应与连接管道管轴线重合,否则在张拉时,千斤顶的安装容易造成偏差,达不到理想的安装精度,造成预应力损失较大。张拉时,经常会出现预应力筋在张拉端的锚垫板下被拉断,这是由于锚垫板平面与预应力筋轴线不垂直,张拉时千斤顶的拉杆与预应力筋不在同一直线上,造成预应力筋截面偏心受拉导致拉力不均匀,一侧的拉力大于钢筋的极限应力,局部很容易拉断。因此特别要求锚具(锚垫板)及千斤顶的安装轴线应与预应力筋尽量保持在一条直线上。

利用螺母锚固的支撑式锚具,安装前逐个检查螺纹的配合情况。大直径螺纹的表面应涂润滑油脂,以确保张拉和锚固过程中顺利旋合和拧紧。

凡是利用螺母锚固的锚具,一般是张拉至规定应力时在带负荷状态下拧紧螺母。如果螺纹配合过紧或有碰伤可能会拧不动,故要求在安装锚具之前逐个检查螺纹的配合情况,保证在锚固时能顺利拧紧。

夹片式、锥塞式等形式的锚具,在预应力筋张拉和锚固过程中或锚固完成以后,均不得大力敲击或震动。

预应力筋用锚具、夹具和连接器在储存、运输及使用期间均应妥善保管,避免锈蚀、玷污、遭受机械损伤。锚具、夹具和连接器在安装前应擦拭干净。需要在锚固零件上涂抹介质以改善锚固性能时,应在锚具安装时涂抹。

第三节　混凝土浇筑

混凝土的浇筑按照相关规范执行,严格控制施工过程,保证工程质量。根据结构的不同形式选用插入式、附着式或平板式振动器进行振捣,确保混凝土密实,尤其要保证锚垫板周围混凝土的密实度。对箱梁腹板与底板及顶板连接处的承托、预应力筋锚固区以及其他钢筋密集部位,宜特别注意振捣。混凝土振捣时避免振动器碰撞预应力筋、管道及预埋件等,防止管道漏浆对预应力筋张拉和有效预应力检测造成影响。并应经常检查模板、管道、锚固端垫板及支座预埋件等,以保证其位置及尺寸符合设计要求。

混凝土浇筑成型后,通过水泥的水化作用逐渐凝结和硬化,水泥的水化作用充分与否以及水化作用的快慢,与混凝土所处的环境温度和湿度密切相关。因此,为保证混凝土达到要求的强度和耐久性,应使浇筑后的混凝土处在适当的温度和湿度条件下凝结和硬化,也就是养护。混凝土构件的养护方法,有自然养护、太阳能养护和蒸汽养护等多种。

张拉前混凝土几何尺寸必须符合设计要求,锚垫板下混凝土密实、无蜂窝及其他明显缺陷,混凝土强度、龄期必须符合设计要求。张拉时锚垫板下混凝土若有蜂窝及其他缺陷,应在拆模后立即进行处理,待处理完毕后方可张拉。这样做的原因是:张拉时,锚垫板下混凝土承受很大的压应力,如果其质量不满足要求,会造成张拉时发生意外。

第四节 摩阻测试

一、摩阻测试方法

在后张法预应力施工中,预应力损失既影响实际有效预应力的建立,又影响到有效预应力在整束上的分布,所以在张拉前,应进行摩阻测试(保证不同类型管道都有两组以上的测试,图 7-1、图 7-2)。由于管道定位误差等原因,现场测得的摩阻系数可能比理论值偏大。若采用空心式压力传感器进行测试,为保证测试精度,一定要满足垂直度和同轴度要求。

图 7-1 在试验室进行摩阻测试

图 7-2 现场摩阻测试

对管道、锚口、锚垫板摩阻进行测试,求出预应力束与管道的摩阻系数 μ 和管道每米局部偏差对摩擦的影响系数 k,不符合规范要求时应征求设计单位的意见修正张拉控制应力。

摩阻测试采用相应的测试仪器(目前可用数显式张拉控制仪),并配套现场张拉工具进行检测。具体是在梁体两端安装千斤顶,不装锚具和限位板,但在其位置安装专用空心垫板(两端各1件);同时在千斤顶高压油管处安装专用传感器,并将传感器与数显式张拉控制仪相连接。由数显式张拉控制仪直接显示张拉力的大小(kN)和相应伸长值,并自动发射无线传输,时时显示本机和各张拉点的数据(张拉力与伸长值),利用张拉中一端施力向另一端传递原理,进行摩阻测试,以求准确悉知有效预应力。摩阻测试也可用传感器或油压表进行,但前者不方便,后者精度低。

摩阻测试按以下程序进行:先将预应力筋束两端同时张拉到 $0.6\sigma_{con}$,然后停顿1~5min,再一端继续张拉至 σ_{con},另一端持荷,梁体两端数显式张拉控制仪数据无线自动传输,此时记录其差值,经几次重复测试即可得出有效数据(图7-3),再通过计算得出各项摩阻(含管道、锚口和锚垫板摩阻)。对长束进行摩阻测试,可多顶先后张拉。在测试过程中不得倒顶。

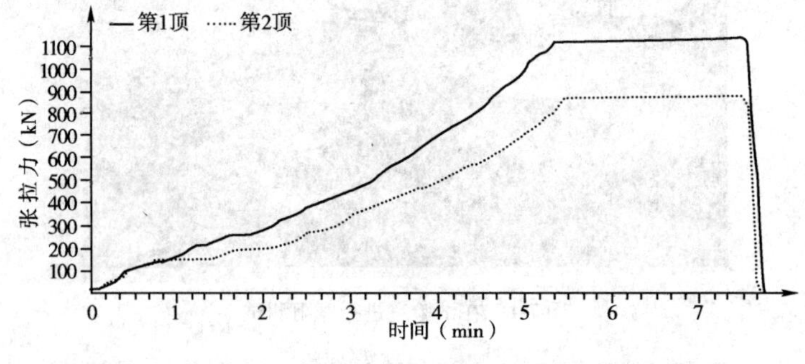

图7-3 摩阻测试控制图

二、摩阻损失测定

1. 锚圈口摩阻损失测定

用油压千斤顶测定时,可在张拉台上或用一根直管道钢筋混凝土柱进行。两端均用锥形锚时,其测定步骤如下:

(1)两端同时充油,油表数值均保持4MPa,然后将甲端封闭作为被动端,乙端作为主动端,张拉至控制吨位。设乙端控制吨位为 N_a 时,甲端相应吨位为 N_b,则锚圈口摩阻力为:

$$N_0 = N_a - N_b \tag{7-1}$$

克服锚圈口摩阻力的超张拉系数为:

$$n_0 = \sqrt{\frac{N_a}{N_b}} \tag{7-2}$$

测试反复进行 3 次，取平均值。

(2)乙端封闭，甲端张拉，同样按上述方法进行 3 次，取平均值。

(3)两次的 N_0 和 n_0 平均值，再予以平均，即为测定值。

2. 管道摩阻损失测定

用千斤顶测定曲线管道摩阻时，测试步骤如下：

(1)梁的两端装千斤顶后同时充油，保持一定数值(约 4MPa)。

(2)甲端封闭，乙端张拉。张拉时分级升压，直至张拉控制应力。如此反复进行 3 次，取两端压力差的平均值。

(3)仍按上述方法，但乙端封闭，甲端张拉，取两端 3 次压力差的平均值。

(4)将上述两次压力差平均值再次平均，即为管道摩阻力的测定值。如两端为锥形锚，上述测定值应扣除锚圈口摩阻力。

第五节　预应力筋安装

一、预应力筋安装前的准备工作

预应力筋安装前对管道和筋束进行以下检查：

(1)管道与预应力筋束的编号是否匹配。防止筋束穿错孔号。

(2)预应力筋是否进行梳、编束处理，其顺直性是否良好。防止安装筋束时出现困难或在张拉时出现意外。

(3)压浆孔的位置、通畅性是否符合要求。确保锚固段压浆顺利。

体外束保护套的安装应连接平滑且完全密封防水，各束的安装误差应符合设计要求。在安装过程中应防止保护套管受到机械损伤。多索预应力筋组成的体外预应力束的保护套管，管内应采用水泥压浆或涂抹防腐油脂进行保护。

二、预应力筋布置

1. 束界

对于预应力混凝土构件而言，合理地确定预加力作用点的位置是很重要的。根据全预应力混凝土构件的要求，上、下缘混凝土不应出现拉应力，故可以按照在最小外荷载(即构件恒载)作用下和最不利荷载(梁恒载、后加恒载和活载)作用下两种情况，分别确定预加力在各个截面上偏心距的极限值。由此可绘出图 7-4 所示的两条曲线。在两条曲线之间的区域内，就能保证构件在最小外荷载和最不利荷载作用下，其上、下缘混凝土均不会出现拉应力。预应力混凝土构件在受力各阶段都能满足相应阶段应力控制要求的截面布筋范围称为束界。

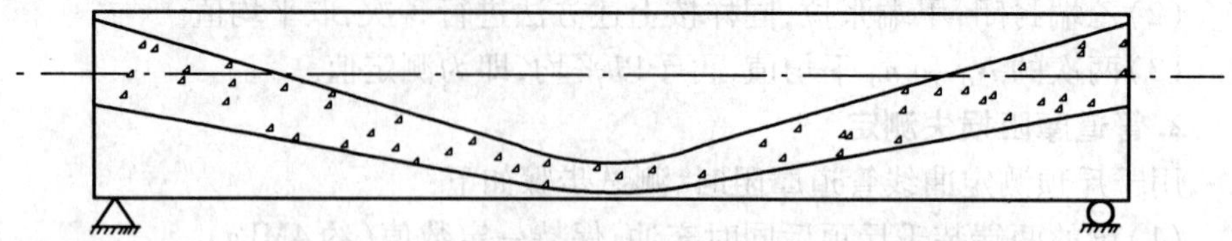

图 7-4　后张预应力混凝土构件束界示意

2. 曲线形状、曲线半径、弯起点和弯起角度

预应力筋的布置应使重心线不超过束界范围,即大部分预应力筋在趋向支点时,均须逐步弯起。预应力筋弯起曲线可采用圆弧线、抛物线或悬链线等 3 种形状。在矢跨比较小的情况下,3 种曲线的纵坐标值相差不大,可任选一种。从施工角度来讲,选择悬链线较方便,但悬链线起弯不急;从满足起弯角度来说,圆弧线较好,施工放样也较方便。

对后张法构件,预应力筋弯起曲率半径,与预应力钢材种类、直径大小等有关。根据施工经验和受力要求,建议预应力筋弯起曲率半径按下列规定采用:

(1)钢丝束、钢绞线束不小于 4m。

(2)$d \leqslant 12$mm 的预应力筋束(d 为钢筋直径),不小于 4m。

(3)12mm $< d \leqslant 25$mm 的预应力筋束,不小于 12m。

(4)$d > 25$mm 的预应力筋束,不小于 15m。

为了减少曲线预应力筋在张拉时的摩阻损失,预应力筋弯起角度 α 不宜大于 20°。若在梁端锚固,此条件一般能满足;而对于弯出梁顶锚固的钢筋,则往往超过 20°,常在 25° ~30°之间,应注意采取必要的减少摩阻系数的措施,以减少由此引起的预应力损失。

为了使预应力筋弯起后,所产生的预剪力能抵消全部恒载剪力和一部分活载剪力,故对恒载较大(跨径较大)的梁,若采用较大 α 值,一般在临近支点的梁段,在满足抗弯强度前提下,可将预应力筋弯起的数量尽可能多些。

预应力筋的弯起角,应与所承受的剪力变化规律相配合。根据受力要求,预应力筋弯起后所产生的预剪力,应能抵消恒载和活载所引起的一部分剪力。抵消后所剩余的外剪力,通常称为减余剪力,将其绘制成图,则称为减余剪力图。它是配置剪力钢筋的依据。

3. 吻合索与线性变换

静定结构中每根预应力筋都是一种吻合索的布置方式,超静定结构中也可找到很多种吻合索的布置方式。采用吻合索,可避免二次内力计算、简化结构分析，也可避免二次内力引起的其他不利效应。然而，预应力筋采用吻合索方式布置，常常不能达到最理想构造和结构使用性能，故有时需要利用线性变换调整吻合索的位置。

由于线性变换不改变等效荷载从而也不会影响预加力对结构的总效应，一旦连续梁的预应力筋在支点间的线形确定，则预加力引起的总预加内力将是唯一的，而与预应力筋在中间支点处位置的高低无关。由于中间支点处预应力筋的位置发生变化后，该处的集中等效荷载也发生变化，其在基本结构中引起的基本预加力也随之改变，上述这种改变必然引起连续梁多余未知力的变化，从而引起二次预加力的变化。但二次预加力在相邻多余约束之间是按线性规律分布的，而预应力筋在中间支点处的坐标改变，对基本预加内力和二次预加内力的改变也是线性的。因此，改变连续梁中间支点处预应力筋的坐标，可以线性地改变二次预加内力。利用预应力筋线性变换原理，在满足荷载平衡的条件下，可以获得更经济合理的配筋。

三、梳编穿束系统

为了避免单根穿束引起的绞线相互缠绕，导致张拉时绞线受力严重不均，我们强调采用整束穿束系统进行穿束。此工艺已在不少工程中得到应用，对多索、长索效果更加明显，方法如下：

(1)对于预制梁等预应力筋束长度较短的构件，用锚具梳顺钢绞线，每隔1m绑扎一次，以使绞线顺直、等长，绑扎成束顺直不扭转，以提高其刚度便于穿束。禁止在钢绞线不顺直的情况下绑扎成束。穿束时，应整束穿入，注意前端封头，以便于导向穿束。穿束时只做平动，切不可转动或扭动。若遇阻力，可前后拖动(平动)，或牵引。

(2)对于预应力筋长度较长、整束索数较多的现浇预应力构件，一般的整束穿束方法操作困难，甚至可能无法完成。此时可采取以下方法：钢绞线下料完毕后在其一端套入锚板作为梳束工具(也可用限位板)，用砂轮锯将该端钢绞线各索端头切割20~30cm，但保留中心一根钢丝，将中心丝穿入具有与锚具相似位置孔的牵引螺塞后镦头(图7-5)，镦头直径大于牵引螺塞孔的直径，以满足整束穿束时拖动绞线平动的要求。牵引螺塞上各孔距略大于钢绞线直径，镦头后的整束钢绞线(图7-6)通过牵引螺塞和螺旋套连接(图7-7)，牵引螺塞外径和螺旋套内径相同，均带有丝口，拧紧即可，螺旋套另一端由卷扬机上的钢丝绳牵引。绞线穿束前钢绞线端头(包括切割部分)须用胶带缠绕保护(注意牵引头缠胶带以前，应先用卷扬机牵引，使各绞线在镦头处长短一致)，防止穿束过程中钢绞线端头散索。将牵引螺塞与螺旋套连接,螺旋套另一端由卷扬机上的钢丝绳牵引,穿束时由卷扬机缓慢牵引整束绞线平动完成整束穿束。若受场地限制可利用转向滑轮,也可增加卷扬机。钢绞线牵引时应采用锚板边梳理边绑扎,绑扎间距宜为1.0m。在穿束过程中,注意只克服预应力筋束与波纹管的摩阻,便于对系统的保护。

图 7-5 钢绞线的镦头

图 7-6 镦头后整束钢绞线

图 7-7 牵引螺塞和螺旋套连接

(3)对于分节段施工的连续梁桥和连续刚构桥,宜采用梳束板梳束。梳束板上各孔的大小略大于钢绞线直径,但也不宜过大,防止其在穿束过程中扭转与其他钢绞线缠绕。梳束板各孔的间距宜为2mm,并且各孔位应做好对应编号,其位置应与锚具安装孔位保持一致。梳束时,连接器周边带挤压套的钢绞线与梳束板之间钢绞线线形平顺,没有相互缠绕,对已梳理顺直的钢绞线可在远端进行逐段绑扎。梳束结束后,将绑扎好的整束钢绞线进行编号再穿束。由于梳束板比锚具轻巧,在预应力筋束较短的构件施工中,使用梳束板更加方便。

四、预应力筋安装后的处理

无论是直线还是曲线预应力筋束,安装完毕后均应调整两端长度,以满足张拉工艺的操作需要。对外露部分进行临时防护,防止其在施工中被雨水、尘土、混凝土、水泥浆及其他有害物质污染、腐蚀。将预应力筋安装在管道中后,管道端部开口应密封以防止湿气进入。采用蒸汽养护时,在养护完成之前不应安装预应力筋。在任何情况下,当在安装有预应力筋的构件附近进行电焊时,对全部预应力筋和金属件均应进行保护,防止溅上焊渣或造成其他损坏。

第六节 张拉仪器标定

施加预应力所用的机具设备及仪表应由专人使用和管理,并应定期维护和校验。千斤顶与压力表应配套校验,以确定张拉力与压力表之间的关系曲线。校验应在经主管部门授权的法定计量技术机构定期进行。千斤顶、油压表系统与数显式张拉控制仪应成套同时标定,至少保证同规格型号千斤顶系统有一组与数显式张拉控制仪同步标定。压力表与压力电阻变送器——油压传感器,输出张拉力值与电压值。

张拉机具设备应与锚具配套使用,并应在进场时进行检查和校验。对长期不使用的张拉机具设备,应在使用前进行全面校验。标定张拉设备用的试验机或测力计精度,不得低于±2%。压力表的精度不宜低于1.5级,最大量程不宜小于设备额定张拉力的1.3倍。标定时千斤顶活塞的运行方向,应与实际张拉工作状态一致。

使用期间的校验期限应视机具设备的情况确定,当千斤顶使用超过6个月或200次或在使用过程中出现不正常现象或检修以后,应重新校验。弹簧测力计(油压表)的校验期限不宜超过两个月。当发生下列情况之一时,应对张拉设备重新标定:

(1)千斤顶经过拆卸修理。

(2)千斤顶久置后重新使用。

(3)压力表受过碰撞或出现失灵现象。

(4)更换压力表。

(5)张拉中预应力筋发生多根破断事故或张拉伸长值误差较大。

千斤顶、压力表和油泵应当是一个完整的张拉施力系统。千斤顶显示张拉力值,油压表显示兆帕数。两者的相互转换与油缸本身性质(如张拉油缸面积)相关,因此必须结合施工现场整体静态标定。实际上,在许多施工现场却是分割标定——只标定千斤顶与压力表,有的还是动态标定,其误差大又违背使用条件,往往导致张拉停顿持荷中张拉力偏大。由于千斤顶摩阻值在低压力状态下表现强烈,影响大,在标定时应尽量满量程标定(至少80%以上),以减少摩阻的影响。一般情况下,千斤顶的内泄漏不允许过大。内泄漏过大使千斤顶无法保压,也无法静态标定,不能进行张拉中的持荷保压,将导致张拉失控。

油压传感器是电子元件,其精度很高,能够达到0.3%。在标定过程中,油压传感器有校正作用,在其使用后期,可以对油压表读数进行多次校核,而无须将油压表送检测中心校核。油压传感器自身精度必须达到0.5级。由于油压传感器只能显示电压值,只有在使用中配套二次仪表,与张拉力系统(千斤顶、油压表)配套标定方可显示张拉力值。油压传感器标定时,应使用20%以上的量程标定,过小(小于10% FS)会导致误差增大。

无论何种测力装置,在小于满量程10%后,其精度往往较差。油压传感器由于自身精度高,未与千斤顶配套标定显示张拉力值时,也可使用,但精度受到影响。油压传感器自身标定时,只显示油压与电压的关系,而安装在张拉系统后,受千斤顶性能(如活塞与油缸摩阻)影响,其油压与活塞面积的乘积与张拉力有些偏差。在小量程(小于10% FS)时,误差太大;在50% FS时,情况大为好转,可以使用,不过最好与千斤顶、压力表共同标定一次,还可对张拉系统作长期标定控制。

第七节　张拉伸长值计算

一、直线预应力筋

直线预应力筋的张拉伸长值 ΔL,可不考虑管道摩阻的影响,按下列公式计算:

$$\Delta L = \frac{PL}{A_p E_p} \tag{7-3}$$

式中：P——预应力筋张拉端的张拉力(N)；

L——预应力筋的长度(mm)；

A_p——预应力筋的截面面积(mm^2)；

E_p——预应力筋的弹性模量(MPa)。

预应力筋的弹性模量取值是否正确，对计算张拉伸长值的影响较大。因此，对重要的预应力混凝土结构，预应力筋的弹性模量应事先测定。

二、曲线预应力筋

曲线预应力筋张拉伸长值 ΔL，可按以下方法计算：

$$\Delta L = \frac{Px}{A_p E_p}\left[\frac{1 - e^{-(kx + \mu\theta)}}{kx + \mu\theta}\right] \tag{7-4}$$

式中：x——从张拉端至计算截面的管道长度(m)；

θ——从张拉端至计算截面曲线管道部分切线的夹角之和(rad)；

k——管道每米局部偏差对摩阻的影响系数；

μ——预应力筋与管道壁的摩阻系数。

第八节　其他准备工作

预应力筋张拉前，应检查锚垫板、锚圈是否对正，夹片应敲紧且顶端齐平、左右对称，同时应提供混凝土强度试验报告。

安装张拉设备时，对于直线预应力筋，应使张拉力作用线与预应力筋的轴线重合；对于曲线预应力筋，应使张拉力作用线与预应力筋末端的切线重合，防止偏心受拉。

在预应力施加之前，还必须完成以下工作：

(1)张拉施工方案、张拉计算资料已报批；在现场明显部位悬挂张拉标示牌。

(2)组织现场施工人员进行学习和培训，张拉操作工必须持证上岗。

(3)清除张拉作业范围内与张拉操作无关的材料和设备，停止对张拉有干扰的其他作业，以确保张拉工作顺利进行。

(4)张拉前应对作业平台，安全防护栏杆，动力、照明电源线路及控制开关进行全面认真检查。如发现安全隐患等问题，应在张拉之前整改完毕。

(5)张拉区应设有明显的标志,非工作人员严禁进入张拉区。

第九节　张拉安全注意事项

(1)在预应力作业中,必须特别注意安全。在任何情况下作业人员不得站在预应力筋的两端,同时在张拉千斤顶的后面应设立防护装置。

(2)操作千斤顶和测量伸长值的人员,应站在千斤顶侧面操作,严格遵守操作规程。油泵开动过程中,不得擅自离开岗位;如需离开,必须把油阀门全部松开或切断电路。

(3)张拉时应认真做到管道、锚环与千斤顶三对中,以便张拉工作顺利进行,且不致增加管道摩阻损失。

(4)采用锥锚式千斤顶张拉钢丝束时,先使千斤顶张拉缸进油,至压力表略有启动时暂停,检查每根钢丝的松紧并进行调整,然后再打紧楔块。

(5)钢丝束镦头锚固体系在张拉过程中应随时拧上螺母,以策安全;锚固时如遇钢丝束偏长或偏短,应增加螺母或用连接器解决。

(6)工具锚的夹片,应注意保持清洁和良好的润滑状态。

(7)多根钢绞线束夹片锚固体系如遇到个别钢绞线滑移,可更换夹片,用小型千斤顶单根张拉。

(8)每根构件张拉完毕后,应检查端部和其他部位是否有裂缝,并填写张拉记录表。

(9)预应力筋锚固后的外露长度,不宜小于30mm。长期外露的锚具,可涂刷防锈油漆,或用混凝土封裹,以防腐蚀。

第十节　张拉前检查要点

1. 材料、设备及制作

材料、设备及制作检查要点如下:

(1)预应力筋、锚具、波纹管、水泥、外加剂等主要材料的分批出厂合格证、进场检测报告,预应力筋、锚具的见证取样检测报告等;

(2)张拉设备、固定端制作设备等主要设备的进场验收、标定;

(3)预应力筋制作交底文件及制作记录文件。

2. 预应力筋及管道布置

预应力筋及管道布置检查要点如下:

(1)管道定位点高程是否符合设计要求；

(2)管道是否顺直、过渡平滑,连接部位是否封闭,能否防止漏浆；

(3)管道是否有破损、是否封闭；

(4)管道固定是否牢固,连接配件是否到位；

(5)张拉端、固定端安装是否正确,固定是否可靠；

(6)自检、隐检记录是否完整。

3. 混凝土浇筑

混凝土浇筑检查要点如下：

(1)是否派专人监督混凝土浇筑过程；

(2)张拉端、固定端处混凝土是否密实；

(3)是否能保证管道线形不变,保证管道不被损伤；

(4)混凝土浇筑完成后,是否派专人用清孔器检查管道或抽动管道内预应力筋。

第八章 预应力张拉

第一节 张拉施工跟踪控制

一、跟踪控制频率和精度

张拉直接影响有效预应力大小和同断面的不均匀度，其控制频率应与预应力检测频率一致：一般桥梁不宜少于10%；对于连续梁桥、连续刚构桥等重要桥梁应加大控制频率(20%)，确保张拉操作人员的工作和张拉器材的使用达到良好的效果。

张拉控制精度也是按有效预应力精度提出的。考虑锚下有效预应力影响因素多，控制难度大，因此对张拉控制精度作了必要调整。根据长期工程实践和理论分析得出：张拉同步性控制精度为±2%，张拉控制应力精度为±1.5%。

梁体中有效预应力同断面大小和不均匀度，对其预应力度、受力、变形、反拱度等均有很大影响。一般要求对梁体同一断面中有效预应力偏差控制在±2%的范围内，由于各束预应力筋的钢绞线根数未必一样，可采用同一断面中各束单根绞线锚下有效预应力平均值的不均匀度来反映张拉施工的控制水平。实践证明，现场施工条件既可以达到上述要求，也能保证张拉应力的稳定性与精确性。

二、张拉施工工艺

预应力构件张拉时，应按设计要求采用多台千斤顶，同步分级张拉到设计张拉控制应力。拉索张拉时，若设计无要求，有对称同步张拉要求的梁和拉索分批张拉时要严格控制其同步性，可采用张拉跟踪控制装置，尽量减小梁体张拉过程中的变形。体外索的张拉顺序严格按设计要求进行，布置在梁两侧的体外预应力束，张拉时必须保证受力均匀、对称、同步。

张拉施工时，各张拉机具应在保压持荷均达到稳定后同步放张。为排除混凝土的弹性压缩不均、预应力筋回缩及锚具变形不均等对张拉后有效预应力的影响进而产生整束有效预应力不均匀，采用设计规定的分级张拉程序，尽量消除各束预应力损失不均带来的有效预应力偏差。

两端张拉工艺是用张拉设备对预应力筋两端同步或先一端再另一端张拉的工艺，适用于较长的预应力筋束。两端同步张拉工艺，对梁体两端同步施加预应力，有利于力的传递，施工效率高，但占用设备多，实施难度较大；两端先后张拉工艺，虽然两端锚垫板处有效预应力可达到相等，但效率低。一端张拉工艺就是将张拉设备放置在预应力筋一端的张拉形式。在管道壁光滑（如金属波纹管管道）、管道长度不长、管道曲率半径较大，及锚具回缩应力损失较大的情况下，一端张拉比较有利，而且它张拉次数少，施工简便，成本低，更能满足结构的特殊要求，但需准确地计算管道反摩阻和预应力筋回缩。采用一端张拉时，由于管道摩阻的作用，摩阻力集中在一端的锚、夹具和千斤顶上，朝固定端或跨中方向预应力筋的拉应力有所降低，如图8-1所示。预应力钢筋锚固后，锚具变形、钢筋回缩和接缝压缩等会引起预应力损失。由于管道反摩阻的影响，预应力损失在张拉端最大，沿构件的长度方向逐渐减小，最后至零。有两种情况：①假定锚固后预应力的损失影响长度 $S \geqslant L/2$，说明跨中应力受到了钢筋回缩等的影响而有所减小，张拉端锚固后的应力小于固定端的应力，可采用一端张拉；②假定锚固后预应力的损失影响长度 $S < L/2$，这时张拉端锚固后的应力大于固定端，一般采用两端张拉，若仍采用一端张拉，需在另一端进行补张拉。此补张过程中，对两端的有效预应力进行测试，就可以算出摩阻损失。

对较短束，进行一端张拉可减小由于筋束回缩、接缝压缩等造成的预应力损失。

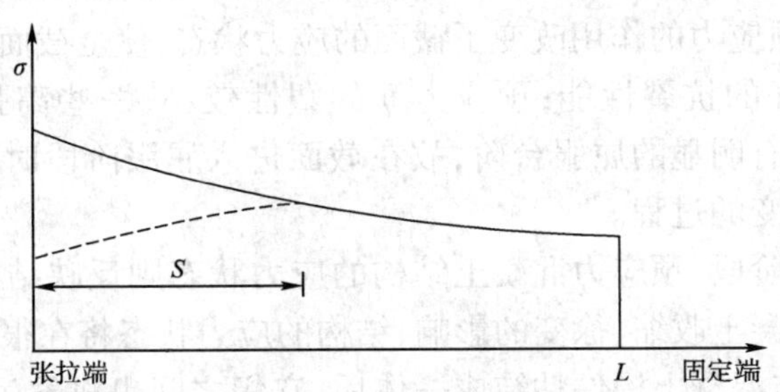

图8-1　考虑反摩阻作用的预应力筋沿长度方向的应力变化

当同一截面中有多束一端张拉的预应力筋时，张拉端宜分别设置在构件的两端。悬臂拼装（含悬臂浇筑）梁段进行预应力筋的张拉时，若设计无规定，应先张拉顶板束，然后张拉腹板束。箱梁的顶、腹板纵向预应力筋的张拉应按设计要求的张拉顺序，设计未规定时，应从结构或构件中性轴开始，左右对称进行张拉。对称同步张拉的目的是，使结构受力均匀、同步施力，不产生扭转、平弯。对称同步张拉不应使混凝土产生超应力，也不应使其他构件产生过大的附加内力

及变形等。因此,无论对结构整体,还是对单个构件而言,都应遵循同步、对称张拉的原则。此外,安排张拉顺序还应考虑到尽量减少张拉设备的移动次数。采取多顶同步分级张拉工艺进行预应力筋的张拉,使得梁在施加预应力的过程中受力均匀、对称且同步,不会在锚垫板等部位产生超应力及过大的附加内力而变形。充分考虑箱形梁斜截面的抗裂能力,防止应力空白区,造成严重的斜裂缝。在施加预应力后,各索受力均匀性高,不会发生像传统逐束张拉时,梁体受到偏心力矩发生弯曲扭转的现象。

三、张拉跟踪控制方法

1. 结构受力性能

(1)有粘结预应力混凝土结构受力性能

对于一根配筋适当的体内有粘结预应力混凝土等截面简支梁,从截面存在负弯矩的初始状态开始,随着荷载的增加跨中挠度首先经历一个线性变化过程,在经过逐步显现、少量非线性的一段曲线后,达到了截面开裂弯矩,从而全截面工作阶段结束,荷载—挠度曲线出现一个弯转;进入带裂缝工作阶段之后,随着截面刚度突降,挠度增加速度加快。荷载—挠度曲线起初尚有一定的线性规律,但随着混凝土压应变、预应力筋应力的增大,曲线逐渐呈现非线性规律,截面开始进入屈服阶段,荷载—挠度曲线出现不明显变化的弯转;进入受力最后阶段后,荷载的增量仍有一定数量,但挠度的变化明显加快,直至达到极限荷载。

由此可见:预应力的作用改变了截面的应力状态,使全截面受力阶段的范围扩大,反映出很好的抗裂性能;预应力筋的塑性较小,一些高强度预应力筋应力—应变曲线没有明显的屈服台阶,故在截面进入屈服阶段时荷载—挠度曲线也呈现出一种渐变的过程。

在正常使用阶段,预应力混凝土结构的应力状态则反映结构另一方面的受力性能。由于混凝土收缩、徐变的影响,结构的应力状态将在很长的时间内不断变化;预应力筋与混凝土构件粘结成一体后,它们之间也将发生内力重分布,最终趋于稳定的应力状态。

然而,同一个结构采用不同的施工方法,可能会造成完全不同的结果。在某些情况下,最终稳定的应力状态与结构成型时的初始应力状态相差不大,均能很好地满足受力要求;但在另一些情况下,最终稳定的应力状态与结构成型时的初始应力状态相差较大,且其中一种可能处于不良的工作状态。

(2)无粘结预应力混凝土结构受力性能

无粘结预应力混凝土梁的受力性能与有粘结预应力混凝土梁是有所区

别的。

纯无粘结配筋结构由于其裂缝和挠度发展快及破坏形态较差等不利特性，很少应用。

配置一定数量的作为参与受力的有粘结非预应力钢筋，对改善纯无粘结预应力混凝土梁的使用性能非常有利，其工作性能、强度和延性可能达到和有粘结部分预应力混凝土梁相同或者更好的状态，因为这样能够充分发挥非预应力筋的作用。

与相同配筋的有粘结预应力混凝土梁相比，在相同荷载作用下无粘结预应力混凝土梁开裂后的挠度较大，且极限承载能力比相应有粘结预应力混凝土梁低10%以上。无粘结预应力混凝土梁极限承载能力较低的原因在于：当荷载增加时，无粘结筋和混凝土之间将发生纵向相对滑动，无粘结筋的应力基本沿全长均匀分布；当梁的受压区混凝土达到极限应变时，无粘结筋的应变增量比有粘结筋小；梁破坏时，无粘结筋的极限应力小于最大弯矩截面处有粘结筋的极限应力，钢材强度不能充分发挥。

对于截面高度较大、配筋率较低的无粘结预应力混凝土构件，为了保证其从开裂到破坏具有一定的安全储备，避免一开裂即破坏的现象发生，截面配筋应使正截面抗弯极限承载能力设计值大于正截面开裂弯矩值；而对于截面高度较小、配筋率较高的无粘结预应力混凝土构件，为保证无粘结预应力筋达到较高的极限应力，以提高构件在破坏阶段的延性和防止脆性破坏，截面配筋率应使截面受压高度不超出界限值。

2. 应力控制

应严格区分张拉控制应力与锚下有效预应力的区别，张拉控制应力是张拉时对预应力筋锚下所施加的最大应力值，而锚下有效预应力是锚固后张拉控制应力扣除了各种因素影响的预应力损失（此时主要是绞线回缩和梁体压缩）。至于经长期衰减、徐变后的锚下有效预应力，对无粘结筋即为沿程有效预应力，对有粘结筋则仍为锚下永存拉应力。

为了充分发挥预应力的优点，张拉控制应力值应尽量定得高些，使构件截面混凝土取得较大的预压应力值，以提高构件的抗裂性。但 σ_{con} 值过大也将导致以下问题：

(1)在同一束中每根钢丝或钢绞线所获得的张拉应力不均匀而导致断筋，如果需要进行超张拉，这种个别钢丝先被拉断的现象就可能更多。

(2)钢筋的应力松弛也会增大。

(3)预应力混凝土构件没有足够的安全储备来防止混凝土的脆断，同时高应力状态下构件预压区可能出现纵向裂缝。

因此张拉控制应力也不宜定得过高，应留有适当的余地，一般宜在预应力筋的比例极限之下。

钢丝、钢绞线的张拉控制应力值应按设计要求确定，一般取

$$\sigma_{con} \leqslant 0.75f_{pk}$$

精轧螺纹钢筋的张拉控制应力值

$$\sigma_{con} \leqslant 0.90f_{pk}$$

式中：f_{pk}——预应力钢筋抗拉强度标准值。

另一方面，预应力值也不能定得太低，否则扣除损失后就没什么预应力了，达不到预应力的效果。预应力钢筋的最小张拉控制应力 σ_{con} 不应小于 $0.4f_{pk}$。

规范规定了张拉控制应力的上限值和下限值，见表 8-1。

张拉控制应力限值 表 8-1

钢筋种类	上限		下限
	先张法	后张法	
消除应力钢丝、钢绞线	$0.75f_{pk}$	$0.75f_{pk}$	$0.40f_{pk}$
热处理钢筋、冷拔钢丝	$0.70f_{pk}$	$0.65f_{pk}$	$0.40f_{pk}$
冷拉钢筋	$0.90f_{pk}$	$0.85f_{pk}$	$0.40f_{pk}$

当符合下列情况之一时，表 8-1 中的张拉控制应力上限值可提高 $0.05f_{pk}$：

(1)要求提高构件在施工阶段的抗裂性能而在使用阶段受压区内设置预应力钢筋。

(2)要求部分抵消由于应力松弛、摩阻、钢筋分批张拉以及预应力钢筋与张拉台座之间的温差等因素产生的预应力损失。

对钢丝、钢绞线等无屈服台阶的预应力筋进行张拉时，对于端部设有锚圈(有锚口摩阻损失的锚具)的锚具，张拉控制应力小于张拉应力；对于端部不设锚圈(无锚口摩阻损失的锚具)的锚具，张拉控制应力等于张拉应力。对端部设有锚圈的锚具，张拉应力最大值一般不应超过 $0.8f_{pk}$；对端部不设锚圈的锚具，张拉应力一般不应超过 $0.75f_{pk}$。也就是说，梁体外的张拉应力一般不应超过 $0.8f_{pk}$，梁体内的张拉控制应力一般不应超过 $0.75f_{pk}$。

建立准确的、符合设计要求的有效预应力值是至关重要的，因此应对张拉过程进行控制。在进行预应力施工时，必须细化工艺，严格控制张拉，提高施工质量。预应力超过设计值过多，构件经常处于过高的应力状态，将危及结构的使用安全；另外，如果张拉力过大，会导致结构的反拱度过大或预拉区出现裂缝，对结构同样不利。有效预应力值过小，材料的性能得不到充分发挥，造成材料的浪

费。所以在预应力施工阶段，必须对张拉过程进行控制，检测其有效预应力值的大小和不均匀度，使其符合设计要求，保证桥梁在长期使用过程中，不出现预应力筋的疲劳断丝、滑丝，并减少梁体下挠、裂缝。

3. 张拉顺序

梁体张拉时，总体应遵循对称和同步的原则，以保证梁体获得合适的预拱度，同时避免梁体出现不利变形。具体要求如下：

张拉时应避免使构件截面呈过大的偏心受力状态，不使构件边缘产生过大的拉应力而使梁腹产生裂缝，因此张拉时需先张拉靠近截面形心的钢束。对于多排钢束，必须对称进行，采取分批张拉的原则，以保证箱梁在施加预应力的过程中受力均匀、对称且同步，使梁体不因受到偏心力矩作用而发生弯曲扭转和侧弯，不在锚下等部位产生过大的附加内力而变形，也可以防止先张拉的预应力筋束的应力受后张拉预应力筋束应力的影响，这样保证了竣工后梁体的锚下有效预应力值。同时充分考虑箱形梁斜截面的抗裂能力，也应避免出现应力空白区，造成严重的斜裂缝。

因此，无论对结构整体，还是对单个构件而言，都应遵循同步、对称张拉的原则。此外，安排张拉顺序还应考虑尽量减少张拉设备的移动次数。

例如对图 8-2 所示的双室箱梁，因梁体有对称布置的预应力束，为减小梁体非对称变形，获得较好的反拱度，使梁体在施工中受力均匀，建议采用多套张拉设备进行对称同步张拉，先对称张拉中间预应力束，后张拉两边，自下而上对称进行。

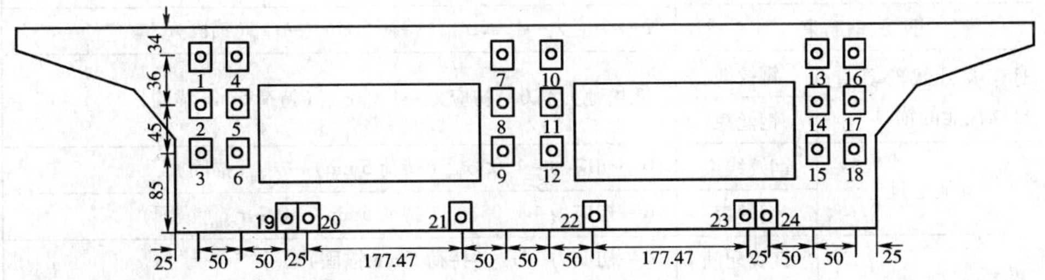

图 8-2　双室箱梁梁端张拉锚具布置编号图(尺寸单位:cm)

根据以上原则，建议图 8-2 所示双室箱梁的张拉程序为：

(1)9→12→10→7；

(2)8→11→22→21；

(3)20→23→24→19；

(4)4→13→16→1；

(5)6→15→18→3；

(6)5→14→17→2。

或者为：

(1)9→12→10→7；

(2)8→11→22→21；

(3)20、19→15、18→5、2→13、16；

(4)4、1→14、17→6、3→23、24。

4. 张拉程序

(1)先张法和后张法预应力筋的张拉程序(表8-2、表8-3)

先张法预应力筋张拉程序 表8-2

预应力筋种类	张拉程序
钢筋	0→初应力→1.05σ_{con}(持荷5min)→0.9σ_{con}→σ_{con}(锚固)
钢丝、钢绞线	0→初应力→1.05σ_{con}(持荷5min)→0→σ_{con}(锚固)
	对于夹片式等具有自锚性能的锚具： 低松弛力筋0→初应力→1.03σ_{con}(持荷5min锚固)

注：1. 张拉钢筋时，为保证施工安全，应在超张拉放张至0.9σ_{con}时安装模板、普通钢筋及预埋件等。

2. 对夹片式锚具超张拉系数取0.03，有条件时应采用实测的锚圈口摩阻损失系数。

后张法预应力筋张拉程序 表8-3

预应力筋种类		张拉程序
钢筋、钢筋束		0→初应力→1.05σ_{con}(持荷5min)→σ_{con}(锚固)
对于夹片式等具有自锚性能的锚具	钢绞线	低松弛力筋0→初应力→1.03σ_{con}(持荷5min锚固)
	钢丝束	
其他锚具	钢绞线束	0→初应力→1.05σ_{con}(持荷5min)→σ_{con}(锚固)
	钢丝束	0→初应力→1.05σ_{con}(持荷5min)→0→σ_{con}(锚固)
精轧螺纹钢筋	直线配筋	0→初应力→σ_{con}(持荷5min锚固)
	曲线配筋	0→σ_{con}(持荷5min)→0(上述程序可反复几次)→初应力→σ_{con}(持荷5min锚固)

注：1. 两端同时张拉时，两端千斤顶升降压应同步，其伸长值应基本一致。

2. 梁的竖向预应力筋可反复张拉到控制应力，以尽可能消除构件间的非弹性变形，然后按正常张拉程序张拉锚固后测伸长和锚固；也可采用先张拉、锚固，在压浆前再次重新张拉、锚固的方法张拉。

3. 对夹片式锚具超张拉系数取0.03，有条件时应采用实测的锚圈口摩阻损失系数。

(2)无粘结预应力筋的张拉程序

无粘结预应力筋的张拉程序宜为:0→1.05σ_{con}(持荷 2min)→σ_{con};或 0→1.03σ_{con}。其中,σ_{con}为无粘结预应力筋的张拉控制应力。

5. 伸长值校核

用应力控制方法张拉预应力筋时,应校核预应力筋的伸长值。如实际伸长值比计算伸长值大 10% 或小 5%,则应暂停张拉,查明原因并采取措施予以调整后,方可继续张拉。造成伸长值偏大的原因一般为:在张拉过程中,绞线扭绞,在张拉力到 10% 后,一束钢绞线中只有一部分作用受力,使得这部分钢绞线伸长过大;另外,油压表是弹簧元件,对其读数不准将导致张拉力偏大,使得钢绞线伸长过大。

预应力筋的实际伸长值,宜在初应力约为 10% σ_{con}时开始量测,但必须加上初应力以下的推算伸长值;对于后张法,尚应扣除混凝土构件在张拉过程中的弹性压缩。其实际伸长值 ΔL 按下式计算:

$$\Delta L = \Delta L_1 + \Delta L_2 - C \tag{8-1}$$

式中:ΔL_1——从初应力至最大张拉力之间的实测伸长值(mm);

ΔL_2——初应力以下的推算伸长值(mm),可采用相邻级的伸长值;

C——施加预应力时,后张法混凝土构件的弹性压缩值和固定端锚具楔紧引起的预应力筋内缩值;当其微小时,可略去不计。

6. 张拉测控要点

在预应力张拉过程中要保证四个同步性:单束钢绞线两端张拉同步性、多束钢绞线对称张拉同步性、张拉过程同步性、张拉停顿点同步性。单束钢绞线两端张拉同步性保证有效预应力在钢绞线内的合理均衡分布;多束钢绞线对称张拉同步性使梁体不因受到偏心力矩作用而发生弯曲扭转和侧弯,不在锚下等部位产生过大的附加内力而变形,也可以防止先张拉的预应力筋束的应力受后张拉预应力筋束应力的影响;张拉过程同步性,特别是在 50% 以后至最终张拉力值的控制,这时张拉不同步的影响较大;张拉停顿点同步性是比较各个停顿点各千斤顶张拉力的同步性,根据停顿点持荷时波峰波谷的差值,能发现千斤顶是否存在内泄漏。

第二节　预应力筋锚固

预应力筋锚固时的内缩值比现行《公路钢筋混凝土与预应力混凝土桥涵设

计规范》(JTG D62—2004)规定的数值明显偏大时,应检查张拉设备状况及操作工艺,必要时加以调整,也可采用超张拉的方法解决。

《混凝土结构设计规范》(GB 50010—2002)对各型锚具预应力筋锚固的内缩值都有规定,但没有和预应力筋长度及控制应力高低相联系。施工张拉时的实际内缩值如和规范给定值相差不多,除了特别短的预应力筋外,一般对结构物不会有明显影响。如发现实际内缩值偏大许多(偏小的情况较小),首先应查明原因加以解决。如是正常情况,可以用延长张拉持荷时间或稍微增加张拉力的办法,使张拉伸长值增加一点以抵消增大的内缩值。事实上,对于长预应力筋,偏大的内缩值对锚固后的应力值影响很小;对于张拉端弯曲的预应力筋,内缩值还会降低锚固区的压力,并使预应力筋的弯起段和跨中段应力更趋接近。规范允许根据实测确定预应力筋的内缩值。

预应力筋锚固后,夹片顶面应平齐,其错位不大于2mm,且全部夹片高差不应大于3mm。预应力筋张拉锁定后夹片应平整,一般不允许有错位,特别在无粘结筋中更不允许。因为错牙影响夹片对预应力筋的咬合面积,并使咬合力减少,从而影响筋束的锚固效果,甚至有发生滑丝的危险。

预应力筋张拉锚固后,还应及时进行有效预应力检测,确认合格后,方可切割预应力筋多余部分。切割工作应使用砂轮锯或切断机,严禁使用电弧或氧炔焰切割。切割后预应力筋的外露长度不应小于30mm。

对暴露于结构外部的锚具,应及时采取永久性防护措施,防止水分、氯离子和其他有腐蚀性的介质侵入;同时,还应采取适当的防火和避免意外撞击的措施。

预应力筋(尤其是无粘结预应力筋)张拉完毕后,必须及时对锚固区进行保护。无粘结预应力筋靠锚具永久锚固,如锚具因腐蚀而失效,后果将非常严重。因此,预应力筋—锚具组装件的端部应是全密封的构造。对这种构造有两点要求:其一是将锚具用塑料(PE)封端罩填满防腐油脂后罩牢,也可采用涂刷环氧树脂达到全密封效果;其二是在锚具根部切断无粘结筋护套的部分,防止钢绞线裸露,必要时包缠防水。

封锚混凝土应密实并与周围混凝土粘结牢固,锚固区预应力筋端头的混凝土保护层厚度不应小于20mm;在易受腐蚀的环境中,保护层应适当加厚。对突出式锚固端,锚具表面距混凝土边缘不应小于50mm。封锚混凝土内应配置1~2片钢筋网,并应与预留锚固筋绑扎牢固。

第三节　张拉施工注意事项

一、断丝处理

引起断丝的原因有：

(1)预应力筋整束不均匀度过大,部分绞线应力大于其极限强度。

(2)钢绞线本身质量有问题。

(3)千斤顶重复多次使用,导致张拉力不准确(应重新标定千斤顶)。

(4)锚具存在质量问题。

预应力筋张拉过程中不允许出现断丝。预应力工程施工中,如果在梳束、编束、穿束时严格遵照本书施工工艺,完全能够保证各束张拉后的受力均匀性,并且张拉中同一断面1%的断丝是完全可以避免的。如张拉中一旦出现断丝,必须查明原因,杜绝因为锚具、钢绞线不合格而出现断丝情况;若由同束各绞线受力不均引起断丝,说明梳、编、穿束存在问题,其他未断丝绞线可能已经屈服失效,甚至达到极高的应力值,即使经衰减后仍然大于其疲劳强度($0.65f_{pk}$)。若存在断丝,在使用阶段汽车等活载作用下,将导致绞线早期疲劳断裂,造成梁体下挠甚至垮塌。这在连续刚构桥中尤为明显。因此,必须对断丝进行相应的处理,以消除预应力筋早期疲劳而导致的工程隐患。

二、持荷时间

持荷时间为油泵开启、油压表读数稳定后的稳压时间,不得少于5min。一般来说,从张拉至张拉控制应力到油压表读数稳定一般要5～8min(与梁的长短、预应力筋布局、张拉方式有关)。所以,一般40m跨径T梁两端张拉时停顿时间取5min,40～100m取7min,100～200m取8～10min,以保证有效预应力充分传递,对梁体反拱也有很大好处。同时,充分的持荷时间可以部分抵消由于梁体和锚具变形、接缝压缩等所造成的预应力损失。根据对40m长度T梁的试验结果,张拉完毕持荷2min后锚固,梁体反拱为0.9～1.1cm;持荷5min后锚固,梁体反拱为1.6～1.8cm。

三、超张拉

首先必须保证锚下混凝土的密实度,且螺旋筋与锚具配套,配筋密度符合设计要求,以避免超张拉时混凝土表面出现下陷和裂缝等不良现象。如出现上述现象，施工单位无权擅自处理，必须上报，决不允许在未处理完毕前进行压浆。

在实际施工中，应考虑对预应力筋进行超张拉。对于竖向束等短束，主要根据由锚具变形、钢筋回缩和接缝压缩造成的预应力损失情况来调整张拉应力，必要时采用低回缩值锚具；对于长束、环形束，主要根据摩阻损失情况来调整张拉应力。确定张拉应力时，必须考虑预应力筋束各索有效预应力的不均匀性，最大张拉应力不允许超过其屈服强度的 0.94 倍。

在对预应力混凝土结构进行设计时，要考虑各种影响因素对预应力损失进行估算，最终给出设计张拉控制应力 σ_{con}。施工现场情况复杂多变，对未考虑到的个别影响因素，应在设计文件中指出。因此遇到下列情况，而设计未考虑到时，应对预应力筋进行超张拉：

(1)实际管道摩阻损失和锚具内缩损失大于设计值。

(2)预应力筋的应力松弛率较大，且在设计中预应力筋的应力松弛取值偏低。

(3)设计中未考虑预应力筋分批张拉时引起的预应力损失，或者未考虑群锚作用引起的预应力损失。

(4)需计入锚圈口摩阻损失时。

(5)减小预应力筋与台座之间的温差引起的预应力损失。

四、放张

预应力筋锚固以后，因故必须放松时，对于支撑式锚具可用张拉设备松开锚具，将预应力缓慢地卸除；对于夹片式、锥塞式锚具，应采用专用放松装置将锚具松开，任何时候都不得在预应力筋存在拉力的状态下直接将锚具切去。对于要继续锚固的预应力筋，绝不允许有夹痕的部分进入受力段。无论后张法还是先张法，预应力筋锚固后，如需要放松，都必须使用专门的放松设备，在确保安全的情况下缓慢地放松。不允许在预应力筋存在应力的状态下将其切断。

放松预应力钢丝时，混凝土立方体抗压强度应符合设计规定；如设计无明确要求时，不得低于设计的混凝土立方体抗压强度标准值的 75%。放松预应力筋宜缓慢，防止受突然冲击。预应力筋放张应根据构件类型与配筋情况进行。

先张法预应力筋宜采取缓慢放张方法，可采用千斤顶或螺杆等机具进行单独或整体放张。其放张顺序应符合设计要求；当设计无要求时，可按下列规定放张：

(1)对承受轴心预压力的构件，所有预应力筋应同时放张。

(2)对承受偏心预压力的构件，应先同时放张预压力较小区域的预应力筋，再同时放张预压力较大区域的预应力筋。

(3)当不能按上述规定放张时,应分阶段、对称、相互交错放张。

后张法预应力筋张拉锚固后,如遇特殊情况需要放张,宜在工作锚上安装拆锚器,采用小型千斤顶逐根放张。后张法预应力结构拆除或开洞时,应有专项预应力放张方案,防止高应力状态的预应力筋弹出伤人。

第九章　预应力管道压浆与封锚

第一节　预应力管道压浆

一、压浆准备

1. 压浆设备

选用的压浆设备应与预应力管道的浆液类型、浓度及施压强度相适应，并能保证稳定、均匀、连续地压浆。

压浆设备包括浆液搅拌机、压浆泵及其配套的压力表、管阀、输浆管等。选用压浆设备时应充分考虑其技术特性和下列因素：能满足不同类型和不同浓度浆液的压浆要求；能满足压浆强度的要求；能稳定、均匀和连续压浆。

制浆设备应采用高速搅拌机，以提高浆液的均匀性，增加其流动性及可压性。压浆泵配套的压力表须经校验合格，其量程应与设计最大压浆压力相配套。输浆管采用耐压橡胶管或耐压 PE 管，且满足压浆强度的要求。

压浆前应对设备（包括真空泵、压浆泵、压浆管、搅拌机、计量设备、储浆桶等）进行仔细检查，保证其运行良好，配件数量充足。压浆泵必须压力稳定，泵嘴通畅。检查真空泵泵压是否符合要求，供水是否正常。压浆管应选用高强橡胶管，抗压能力≥2MPa，在压浆时不易破裂且连接牢固。

2. 浆液检查

管道压浆采用水泥浆，原材料中不得含有对预应力筋有腐蚀性的物质，必须用规范要求的合格材料（水泥、水、外加剂），并计量准确且符合下列要求：

（1）水泥宜采用硅酸盐水泥或普通水泥；采用矿渣水泥时，应加强检验，防止材料性能的不稳定。水泥不得受潮、结团。

（2）水应不含有对预应力筋或水泥有害的成分，每升水不得含有 500mg 以上的氯化物离子或任何一种其他有机物。可采用清洁的饮用水。

（3）采用低含水率、流动性好的外加剂。其用量应通过试验确定。

（4）预应力筋束在张拉锁定后，处于高应力状态下，此时对化学腐蚀极为敏感。因此，规定压浆所用材料均不得含有氯化物、硫化物及硝酸盐等对筋束有腐蚀性的物质。

水泥浆的强度应符合设计规定;设计无具体规定时,应不低于30MPa。水泥浆的技术条件应符合下列规定:水泥浆稠度控制在14～18s之间;水灰比为0.40～0.45,掺入适量减水剂时,水灰比可减至0.35。对截面较大的管道,水泥浆中可掺入适量的细砂。水泥浆的泌水率最大不得超过3%,拌和后3h泌水率控制在2%以内,泌水应在24h内重新被水泥浆吸收。对水泥浆强度有比较高的指标要求,如有的要求达到80%的梁体混凝土强度,甚至有的规定与梁体混凝土强度相同。在具体施工时,要使纯水泥浆满足高强度的指标是比较困难的;同时对于后张法构件,有效预应力是靠预应力筋与水泥浆的粘结力来提供的,因而所注的水泥浆应有一定的强度以满足粘结力的要求。水泥浆中宜采用专用的膨胀剂,不宜用铝粉作为膨胀剂。

水泥、水及减水剂等应先称量,保证计量准确。按照先加水,再加水泥、减水剂及其他外加剂的顺序注入搅拌机,开始搅拌直至拌和均匀。搅拌过程中,水泥及水不应外溢;搅拌过程及搅拌后不得再加水或水泥,以保证水灰比的准确性。

水泥浆的温度保持在5～40℃。冬季日平均气温低于5℃时,需采取有效的防寒保温措施。

3. 管道检查

压浆之前,必须清洁管道。对抽芯成型的混凝土空心管道,应冲洗干净并使孔壁完全湿润;对金属管道、塑料管道,必要时亦应冲洗以清除有害材料;对管道内存在的油污等,可采用对预应力筋和管道无腐蚀作用的中性洗涤剂或皂液,用水稀释后进行冲洗,冲洗后用不含油的压缩空气将管道内积水吹出。对于大范围的竖弯管道,应对管道接头、两端严格控制;在管道安装、穿束时,应保证管道清洁。

二、压浆工艺

1. 一般工艺

压浆可采用活塞式压浆泵,不得使用压缩空气。压浆最大压力一般为0.5～0.7MPa;当管道较长或采用一次压浆时,最大压力宜为1.0 MPa,压浆应达到另一端饱满和出浆,且排气孔排出与规定稠度相同的水泥浆为止。为保证管道充满灰浆,关闭出浆口后,应保持不小于0.5MPa的一个稳定期。该稳定期不宜短于5min。

压浆时,对曲线管道和竖向管道应从最低点的压浆孔压入,由最高点的排气孔排气和泌水。压浆应缓慢、均匀进行，不得中断，并保持排气管道通畅。为了保证水泥浆的密实度，应将最高点所有的排气孔依次放开或关闭，使管道内排气通畅。较集中和邻近的管道，尽量先压浆完成，后压浆的管道应在压浆之前用压力水冲洗通畅。

水泥浆自拌制至压入管道的延续时间一般在30~45min范围内。水泥浆在使用前和压注过程中应连续搅拌，避免离析。对于因延迟使用导致流动度降低的水泥浆，不得通过加水来增加其流动度。对掺入外加剂泌水率较小的水泥浆，通过试验证明能达到管道饱满时，可采用一次压浆的方法；不掺外加剂的水泥浆，可采用二次压浆法，两次压浆的间隔时间为30~45min。

压浆时，应使水泥浆保持单向流动。

2. 真空压浆工艺

压浆不密实，预应力筋将受到腐蚀，同时也对有粘结筋的锚具产生不良影响，直接影响梁体寿命，因此要对压浆过程进行跟踪控制，保证压浆的可靠性。目前国内外在预应力封孔压浆施工时均采用真空压浆工艺，使水泥浆液的密实度更好，同时可采用压浆自动记录仪进行跟踪控制。

对封闭的管道，利用真空泵将管道内的空气及多余水分排除，使其达到负压状态；然后用压浆机以正压力对管道注入水泥浆，从而提高管道内水泥浆饱满度。为保证压浆饱满，宜将锚垫板、波纹管、压浆管固定装置铸成整体，使压浆畅通。

压浆前必须储备足够浆液。储浆罐的储浆体积大于一倍所要灌注的一条预应力管道的体积，以确保压浆过程的连续进行。压浆时，先开真空泵，检查真空度是否符合要求；当真空压力表指示在-0.06~0.1MPa时，方可压浆。水泥浆自拌制至压入管道的延续时间，一般控制在30~45min范围内。在配置和压注过程中，应连续搅拌。浆体进入压浆泵之前，应通过1.2mm的筛网进行过滤。压浆时，对曲线管道和竖向管道应从最低点的压浆孔压入，由最高点的排气孔泌水；压浆顺序为首先压注下层管道、较集中和邻近的管道，宜尽量连续完成压浆。当真空泵胶管出现水泥浆时，打开出浆阀；待连续流出浓浆后，必须关闭阀门稳压2min以上；稳压完成后，立即将压浆管弯折。

3. 压浆注意事项

(1)常见问题

预应力筋张拉锚固后，应在24h内压浆，一则保证压浆后预应力的有效传递，降低钢筋松弛所引起的有效预应力损失；二则若锚固不当，而张拉锚固后停顿时间过长，将导致夹片滑移、预应力筋滑丝等，从而引起预应力损失；三则防止预应力筋因腐蚀而早期破坏。采用真空辅助压浆工艺有利于保证浆体密实。

压浆过程中,如发现管道有局部漏浆,可在漏浆处用毡片盖好、贴严、顶紧堵漏;如果堵漏无效,则应用水压入管道,将已压进的灰浆冲洗出来,待漏浆处理修补完毕,重新压浆。认真观察出浆管排水、排浆情况,当排浆浓度与进浆浓度相同时,方可停浆。同时,检查压浆量是否与设计计算相等,以此检查压浆的密实度。

必须保证压浆的密实度,可采用专用设备全面跟踪控制压浆过程的压力与流量。压浆时,每一个工作班应留取不少于 3 组 70.7mm × 70.7mm × 70.7mm 的立方体试件,标准养护 28d,检测其抗压强度,作为评定水泥浆质量的依据。

(2)竖向预应力筋压浆问题

竖向预应力筋压浆普遍存在压浆质量问题,为了加快施工进度,可采用一次压浆两根管的工艺。即对两束相邻的预应力筋,将底部锚固端锚垫板的压浆孔用塑料管连通成一组,桥面上安装好进浆管与排浆管;在预应力筋张拉完成后,立即用混凝土封锚,封锚混凝土只需终凝后就可以压浆。这样不仅能保证管道内密封、持压,而且不影响施工进度;压浆完成后,即使沉淀,管道内也能保证密实。竖向预应力筋压浆时,还应注意以下几点:

①锚垫板、波纹管、压浆管连接部位应密封良好。

②压浆塑料管不应太硬、太脆、太软,并保证一定的长度。

③压浆设备应采用排量小、压力均匀的压浆机。

④压浆过程中,应先试水,并用空压机吹干再压浆;压浆尽量分两次进行,即在第一次压浆完成后 10min 左右再压一次。

(3)压浆堵孔处理

在压浆过程中,如出现堵孔现象,应用高压水把孔内已压入的浆液冲洗干净,找到堵孔位置进行处理后再重新进行压浆。

对于可能压浆堵孔的情况,在预应力筋穿束时应该注意,如果穿束时不顺畅,或是预先穿筋的管道在浇筑混凝土后抽动困难,说明管道内不十分通畅,必须在张拉前准确量测该位置(张拉后便无法量测),并做好记录。一旦压浆发现堵孔,则应根据压浆进浆数量和事先量测记录,准确判定堵孔位置,并在该位置增设注浆孔或排气孔,对该孔进行二次补浆,直至孔内浆液密实。

(4)排气管堵塞处理

管道灌浆时排气管堵塞、拔脱和折断,影响管道内气体的排除,使浆液难以灌入,并产生大量气泡,造成预应力束与结构混凝土粘结力降低,还易使预应力束锈蚀。为防止出现堵塞问题,应采取必要的预防措施。

①对外掺剂的质量进行抽样化验检查,确保外掺剂的化学成分指标达到要

求,对外掺剂的掺加比例和数量进行严格的称量控制。

②对水泥浆的技术特性,如膨胀率、泌水率和稠度进行定期测定检查,确保各项参数达到设计要求。

③在浇筑混凝土前,对灌浆孔、排气孔、泌水孔、排水孔等预设管道进行认真检查;在浇筑混凝土时,采取保护措施,使其不损坏。发现损坏、失效时,应及时修复或采取补救措施。

三、压浆自动控制记录仪

压浆自动控制记录仪(可用数显式张拉控制仪)的主要功能是记录压浆过程的流量、压力、密度等3个参数。其工作原理是将液压传感器安放在压浆泵的压力表位处,信号输入压浆自动记录仪,仪器实时显示压浆过程中的数据及曲线,并同时进行内业资料整理,使压浆现场采集的数据自动生成压浆规范中的各种曲线、报表和数据成果分析图表,以测控压浆过程是否遵守预定的工艺规程,并自动判断其压浆过程是否符合预定要求。

实际工程中,要求压浆自动控制记录仪的硬件高度集成,外观结构简单、轻便小巧,方便携带,能够适应桥梁预应力工程野外环境下的压浆施工作业。考虑环境和经济上的因素,施工方可选用不同的仪器类型。但压浆自动控制记录仪的显示值常常受到如潮湿、电压波动、其他用电设备频繁启动的大电流冲击、强电磁干扰、压浆泵性能不稳等因素的影响,给计量与质量控制带来较大影响,因此在施工过程中做好现场校验标定已成为确保压浆自动控制记录仪性能指标和压浆质量的一项非常重要的工作。

应在现场进行压力参数标定、流量参数标定和水灰比参数的控制标定,保证压浆自动控制记录仪的测量精度,基本消除仪器的系统误差,尤其是可校正使用过程中的渐进系统误差。压浆自动控制记录仪没有设计水灰比参数的控制功能,可采用自动配料及搅拌系统来控制水灰比参数,实现水灰比参数自动化控制。总之,选定的压浆自动控制记录仪要能保证反映压浆的真实性,使压浆施工过程满足设计和标准要求。

第二节 封 锚

张拉施工完成之后,切除端头多余的预应力钢筋,进行封锚。对于钢束,切割的余留长度应大于5cm;对于高强粗钢筋,余留长度应大于3.5cm。割束必须用砂轮机切割,任何预应力筋均不得用电弧烧割。

对需封锚的锚具，浇筑封锚混凝土前须对结构混凝土表面认真凿毛、冲洗、湿养，并且将锚垫板、预留的预应力筋冲刷干净，然后设置钢筋网浇筑封锚混凝土。封锚方式有两种：采用保护罩封锚或无收缩水泥砂浆封锚。封锚时应检查支模是否牢固，封锚范围是否足够，胶管是否固定（能否保证压浆时不会从封锚处拔出）。封锚混凝土的强度应符合设计规定，一般不低于构件混凝土强度等级的80%；同时，严格控制封锚后梁体的长度。对后张法预制构件，在管道压浆前不得安装就位；压浆后，在压浆强度达到设计要求后方可进行移运和吊装。

第十章　预应力张拉施工质量检测验收

第一节　检验频率与标准

一、检验频率

在长期检测中发现，刚开始施工时各束有效预应力同断面不均匀度、各绞线有效预应力同束不均匀度都比较大，经过一段时间的检测控制后有明显的改观，但有时也出现很大的反复（图 10-1 ~ 图 10-4）。这说明严谨的施工工艺的全面掌握需要一个过程。因此，为有效控制预应力张拉施工质量，检测验收必须从设计、施工角度出发，明确预应力施工控制和验收评估的要求。检测以抽检为主，抽检频率一般为 10%；对斜拉索、体外索、环形束、无粘结筋、竖向束、负弯矩段预应力和索力必须加大检测力度，抽检频率为 15%；对连续刚构桥等边、中跨合龙段预应力筋束也必须加大检测控制力度，抽检频率为 20%。合龙段筋束长、贯穿节段多，加之每束绞线根数多，易发生相互缠绕而导致索力不均。为确保合龙段预应力施工质量，防止跨中严重下挠，必须加大对边、中跨合龙段的检测控制力度；同时进行摩阻和回缩测试，并控制限位板尺寸；并且加强技术指导和监督，将严格的施工工艺贯彻和保持下去，形成良好的施工作风。实践证明，此检验频率是必要的，也是可行的。

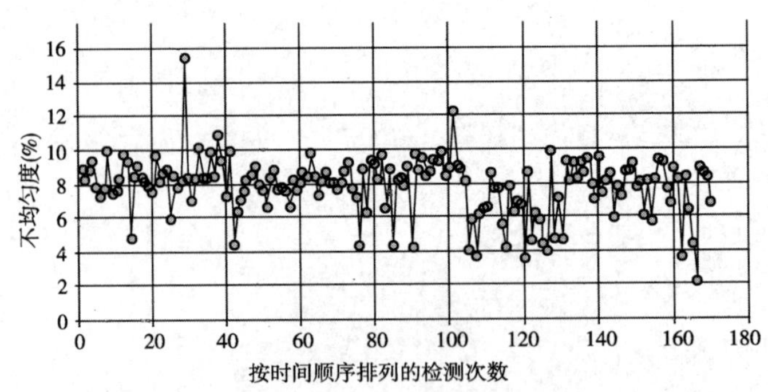

图 10-1　实测有效预应力同束不均匀度走势图（一）

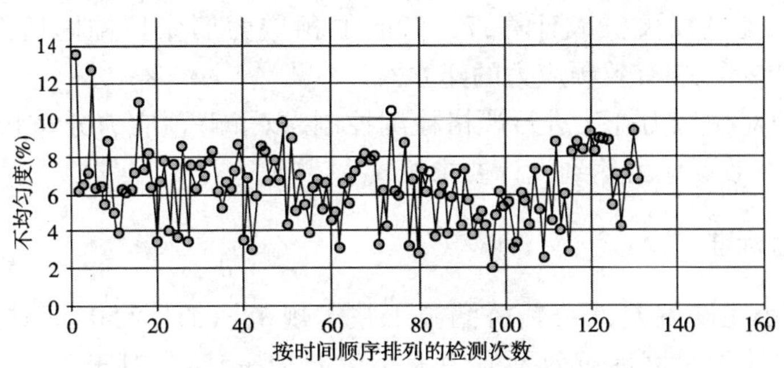

图 10-2　实测有效预应力同束不均匀度走势图(二)

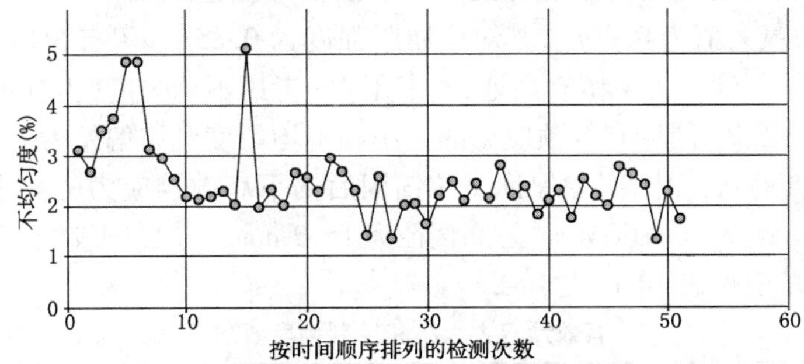

图 10-3　实测有效预应力同断面不均匀度走势图(一)

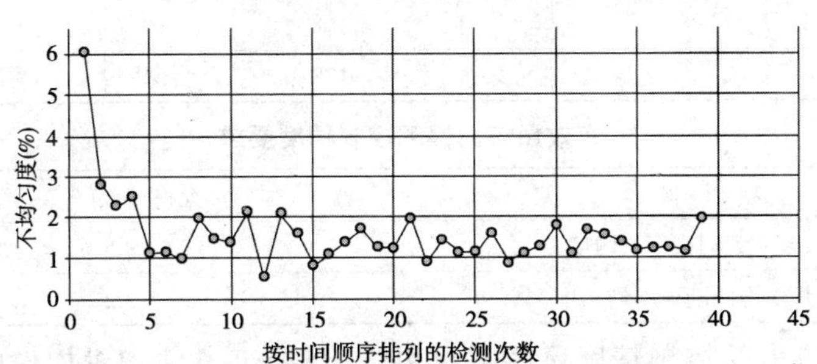

图 10-4　实测有效预应力同断面不均匀度走势图(二)

通过验收,保证预应力工艺的彻底贯彻,同时也是控制施工结果的有利手段,需要做好检测记录,并加以总结和细化,把施工纳入到科学化和规范化的轨道。

桥梁工程中的竖向预应力筋,往往采用精轧螺纹钢筋,因为钢筋短而粗,施工不便,导致预应力损失太大。因此,建议竖向预应力筋采用钢绞线。必要时,除超张拉外还可采用专用锚圈,使之支撑在可调节的螺杆上,减小绞线回缩对有效预应力的影响。此方法适用于一切短束。

若张拉控制应力为 $0.75f_{pk}$,对应张拉力为195kN,锚固后锚下有效预应力为

170～190kN，通过损失折减计算，7～12m 的预应力筋张拉锚固后全部不合格（均偏小），严重影响有效预应力的建立。

因此，应对预应力施工进行严格检测控制，以了解预应力分布状态，采取相应措施确保有效预应力达到设计要求。

二、检验标准

对于大小允许偏差，《公路桥涵施工技术规范》（JTG F50，征求意见稿）规定，无粘结筋张拉锚固后有效预应力大小偏差为±5%。对于不均匀度允许偏差，按《公路钢筋混凝土及预应力混凝土桥涵设计规范》（JTG D62—2004）的规定，张拉应力最大值为 $0.80f_{pk}$，其对应屈服强度为 $0.85f_{pk}$，留有 5% 考虑各单根绞线受力不均匀度。为了留有余地，本书用 4% 考虑不均匀度，相对 80% 而言也正好为 5%。因此，同束有效预应力的大小和不均匀度允许偏差为±5%。

预应力工程施工中，必须保证张拉锚固后锚下有效预应力的大小和控制精度满足要求。对 f_{pk}＝1860MPa、公称直径为 15.2mm 的单根钢绞线，有效预应力大小和控制精度见表 10-1、表 10-2。

有效预应力大小和控制精度要求　　表 10-1

设计张拉控制应力（MPa）	有效预应力（kN）	允许偏差（%）
$0.7f_{pk}$	168	±5
$0.75f_{pk}$	178	±5

有效预应力检测控制精度要求　　表 10-2

项　目	允许偏差（%）
有效预应力同束不均匀度	±5
有效预应力同断面不均匀度	±2

有效预应力的控制精度是根据材料强度、施工条件和对构件的影响来确定的。

（1）根据大量的实测统计资料，张拉控制应力为 $0.7f_{pk}$ 时（钢绞线），对应的锚下有效预应力为 168kN；张拉控制应力为 $0.75f_{pk}$ 时，对应的锚下有效预应力为 178kN。

（2）由于钢绞线和钢丝的屈服点为其抗拉强度的 0.85 倍，对应张拉应力为 $0.8f_{pk}$（考虑到张拉中单索受力不均匀，0.8/0.85＝0.94，即为屈服强度的 0.94 倍），经绞线回缩和锚具压缩等损失后，有效预应力一般不会超过 $0.7f_{pk}$。同时考虑到现有施工条件，同束中各钢绞线有效预应力偏差控制在±5%（10%）的范围内，经衰减后使用阶段有效预应力一般不超过 $0.6f_{pk}$，由动荷载引起的附加应力可取 $0.05f_{pk}$。因此，在动荷载作用下绞线的有效预应力不超过 $0.65f_{pk}$，满足疲劳强度要求。

(3)梁体中同断面有效预应力的大小和不均匀度，对其预应力度、受力、变形、反拱度等均有很大影响。由于各束预应力筋钢绞线根数未必一样，可采用同一片梁中同束有效预应力平均值的不均匀度来反映张拉施工的控制水平，一般要求对同一片梁中各整束有效预应力偏差控制在 ±2% 范围内。

(4)同桥中有效预应力同束不均匀性对成桥线形有很大影响，各束有效预应力偏差应控制在 ±3% 范围内。

第二节 检 验 内 容

桥梁工程中，应在预应力张拉锚固后 24h 内检测有效预应力；对于重要桥梁，按需要定期检测有效预应力(主要针对无粘结筋)。

现场分析检测结果，并对施工中存在的问题提出相应的整改措施。预应力施工检测结果现场给出，一旦发现问题，及时制订相应措施。数据即时报送，保证业主、监理等部门及时了解和掌握施工质量状况。

一、单根钢绞线检验

桥梁工程预应力施工中进行单根钢绞线检验，应采用满足精度要求的检测设备对预应力筋张拉锚固后的单根钢绞线进行抽检，抽检频率为 10%。同束中各单根钢绞线允许偏差为 ±5%(含大小与不均匀度)，无粘结预应力筋张拉锚固后锚下有效预应力与设计值允许偏差为 ±5%，否则应暂停张拉，查明原因并采取措施妥善处理后，方可继续张拉。

检测过程中，对发现有效预应力偏小的预应力筋，应进行补张；对有效预应力偏大的预应力筋，必须慎重处理。

单根钢绞线应力检测的目的是控制同束预应力筋的有效预应力及预应力的不均匀度。通过检测全面分析，采取相应的工艺措施(如控制梳、编、穿束等)，确保预应力施工质量。整束张拉时，预应力筋的有效预应力不均匀度过大，尤其是同束中预应力筋数量多、长度长时，这种不均匀性更突出，部分张拉应力偏大的预应力筋处于屈服极限，而张拉力偏小的预应力筋又未能发挥作用。只要坚持严谨的施工方法，便可使同束中各预应力筋有效预应力偏差应控制在 ±5% 范围内。

对单根预应力筋的应力检测,传统方法是在预应力筋上贴应变片,但其可靠性差、精度低,并受贴片水平影响。试验证明,同一断面贴片(贴6片)的最大误差可达到20%,不同断面以其6片均值比较,误差也高达5%~10%,且使用中应变片极易损坏。而采用割断预应力筋安装力传感器进行测试又存在以下问题:一则价格高;二则不可能所有筋都割断;三则不安全因素增加,故不可取。

现有新型检测仪器——预应力张拉锚固自动控制综合测试仪,能准确测出单根预应力筋锚下有效预应力(精度达到1.5%FS),并且可通过计算机系统自动分析其不均匀度;同时还能边检测边补张(对有效预应力偏小的预应力筋自动补张),将预应力筋的有效预应力控制在设计要求范围内。该测试仪器已在许多工程中得到应用,效果良好。

对单根预应力筋有效预应力进行检测时,保证千斤顶稳定升压,在钢绞线带动夹片沿轴线移动(0.5mm)的一瞬间测出数据,然后夹片自动回位,预应力筋和夹片的相对位置不发生任何的改变。对于多次张拉锚固,按《预应力筋用锚具、夹具和连接器》(GB/T 14370—2007)第6.5.4条规定,对夹片和锚具不会有任何影响。对检测过程中有效预应力偏小的预应力筋,可以对其进行补张。对有效预应力偏大的预应力筋,严禁进行放张,因为如果放张后使带有夹痕的预应力筋进入应力区,将导致绞线过早疲劳,甚至断裂。

需要说明的是,单根钢绞线的检测是有效预应力检验中最重要的部分。单根钢绞线是通过严格的梳束、编束和穿束来控制的,因此只要单根钢绞线有效预应力符合要求,整束有效预应力也就符合要求。本书强调对施工全过程的控制,检验只是手段。建立合理完善的施工工艺,并严格进行操作,是保证预应力施工质量的关键。

二、整束有效预应力检验

同梁中各有效预应力同断面不均匀度允许偏差为±2%,同桥中各整束有效预应力值允许偏差为±3%。重要桥梁应进行张拉跟踪控制以及摩阻、有效预应力检测,宜进行典型束锚固后预应力沿程分布计算。

对于有粘结筋(压浆前)和无粘结筋,钢绞线均能进行单根检测与校正控制;但对斜拉桥和系杆拱桥的拉索(平行钢丝束),锚固后不能进行单根钢绞线检测调整,必须通过严格的施工工艺进行不均匀度控制,再进行整束检测。

传统方法是于锚下埋设空心式传感器来检测整束有效预应力。

可使用预应力张拉锚固自动控制综合测试仪来检测整束有效预应力,其精确控制对预应力结构的施工质量有非常重要的作用。

(1)同梁中必须保证有效预应力同断面的均匀性。施加预应力的过程中，梁体承受很高的应力，如预应力不均匀度过大将使应力重新分配，改变其合力作用点位置，带来附加弯矩，产生有害变形；随着梁体收缩蠕变，情况更加严重，危及结构安全。

(2)对采用镦头锚的平行钢丝束，只要求进行整束有效预应力检测，因为平行钢丝束有非常严格的施工要求，下料、编束能够保证各筋的均匀度。

(3)普通的预应力筋(包括有粘结筋和无粘结筋)，可进行单根钢绞线检测和补张，因为夹片式锚具都具备重复张拉锚固的工艺性能(GB/T 14370—2007规定)。

(4)对于锚具支撑在可调节的螺杆上的预应力构件，检测中整束预应力值可由大调小，也可由小调大，十分方便。

三、合龙段预应力张拉施工质量检验

对预应力混凝土连续刚构桥梁，通过合龙段及其附近几个节段的预应力束较少，而且跨中梁高小，梁体刚度低，预应力作用更加重要，一旦有预应力束失效，容易产生下挠和裂缝。而且在跨中几个节段锚固的预应力束多数为贯穿长束(图 10-5 为跨径 260m 的连续刚构桥 24 ~ 30 号块的预应力筋布置示意图，0 ~ 23 号块省略，F25、T24、T25、T26、T27、T28、T29 都是通过 0 号块的贯穿长束，其长度均超过 200m)，其影响的节段数多，对桥梁影响大，施工难度较大。如果预应力施工不当，使各根绞线不能达到受力均匀，其同束有效预应力不均匀度过大，将严重影响预应力的有效性和预应力筋的使用寿命，还有可能导致严重的工程事故发生，造成合龙困难或梁体出现裂缝等一系列问题，在使用阶段还会产生跨中下挠，因此有效预应力检测控制的意义尤其重大，必须严格控制。

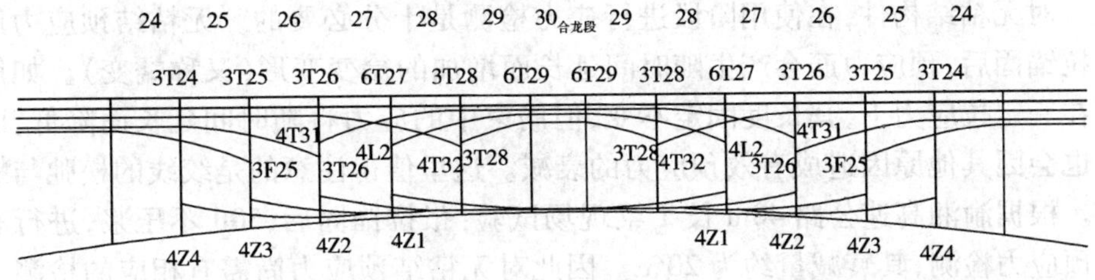

图 10-5　合龙段及其附近几个节段预应力筋布置示意图

预应力的大小和不均匀度将到影响整个桥梁的预拱度。对全预应力混凝土桥梁，预应力度 $\lambda = M_0/M_s \geqslant 1$，消压弯矩 M_0 始终大大地超过结构自重引起的弯矩 M_s；对部分预应力混凝土桥梁，尤其对允许开裂的 B 类部分预应力混凝土桥梁而言，梁体设置的预拱度将大为减少，但桥梁活载比例较大时，随时间增长梁体逐渐向下挠曲，因此对预应力要严格控制。近年来，有不少桥梁运营不久就出现了严重的裂缝，不得不进行大规模的加固维修，不仅仅是花费高昂的维修加固费，在安全营运、养护管理等方面也留下隐患。

四、使用阶段有效预应力检测

预应力筋锚固后，对具有代表性或特殊性的预应力筋应进行使用阶段有效预应力检测（主要是无粘结筋），检测结果应符合现行《公路钢筋混凝土及预应力混凝土桥涵设计规范》（JTG D62）的规定。

（1）无粘结构件除进行张拉跟踪控制及锚固后有效预应力检测以外，还应进行使用阶段有效应力检测。

（2）体外束应进行定期检测，测得整束束力与设计值偏差。当体外束偏差超过5%时，必须及时对束力进行调整。

（3）大跨径、重要的桥梁应进行使用阶段有效预应力测控，以确保桥梁安全。

根据《公路钢筋混凝土及预应力混凝土桥涵设计规范》（JTG D62—2004）的规定，构件受拉区预应力筋的最大拉应力，对不开裂构件应是扣除全部预应力损失后预应力筋的有效预应力 σ_{pe} 与由作用（或荷载）标准值组合引起的预应力筋应力 σ_p 之和；对开裂构件则为预应力筋合力点处混凝土法向应力等于零时的预应力筋的有效预应力 σ_{po} 与由作用（或荷载）标准值组合引起的开裂截面预应力钢筋应力增量 σ_p 之和。该值必须小于 $0.65f_{pk}$，是考虑动载作用下满足疲劳强度要求的最大应力值。设计中的 $0.68f_{pk}$ 则为静载作用下以屈服强度为标准除以安全系数所得的应力值。

对无粘结构件，在使用阶段进行应力检测是十分必要的。无粘结预应力筋张拉锚固后，预应力筋会产生随时间延长而增加的徐变变形（又称蠕变）。如筋束在一定拉应力下，其长度固定不变，但筋束中的应力将随时间延长而降低，同时也会因其他原因造成有效预应力的衰减。这里值得注意的是绞线的松弛与蠕变。根据渝湘高速公路40m长T梁现场试验：张拉锚固后，50d不压浆，进行有效预应力检测，其衰减量约为20%。因此对无粘结预应力尚需有相应的检测手段与必要的补张措施。体外预应力一般也属于无粘结预应力。

对于体外束，应进行定期和不定期检测。可在桥梁关键点埋设元件，通过GPS无线网络发送信息，构成束力远程测控系统，时时测控索力状况，一旦发现异常，及时采取措施。若通过调索不能解决时，应采取换索措施。

第三节　验 收 评 估

预应力工程施工完毕,具备检测验收条件,同时对施工过程中发生的质量问题经处理后已达到设计要求的,方可进行验收。

坚持“质量标准、严格控制,一切靠实测数据说话”的原则,公平客观地对预应力工程施工质量进行验收评估。本书着重强调从单索、整束、单片梁或现浇悬臂梁段及整桥进行有效预应力大小及不均匀度的评估。

预应力分项工程根据材料类别可划分为预应力筋、波纹管和锚具等检验批,其质量标准和检验方法均应符合国家现行有关产品标准的规定。

预应力分项工程根据施工工艺流程,可划分为制作及安装、张拉、压浆及封锚等3个检验批。每个检验批的质量验收,都必须通过项目质检人员和监理工程师的确认。

后张法管道安装位置偏差、摩阻大小及张拉控制精度等的合格率不得低于85%;有效预应力、有效拉力大小和不均匀度的合格率不得低于90%。

一、有效预应力检测评估

1. 整束评估

整束评估的内容包括:检测整束有效预应力是否达到设计要求,整束中各单根预应力筋的有效预应力和不均匀度是否符合要求。

对单片梁或现浇悬臂箱梁段,评估其各整束有效预应力是否符合设计要求;对梁体的同一断面,评估各整束的单根有效预应力均值不均匀度是否满足要求。

整束有效预应力与设计相符,各单根应力均匀,则证明预应力施工质量符合要求。同截面中根数不相同的整束预应力筋,对其整束有效预应力均值进行评价,以判断在整个梁体中整束有效预应力值是否满足要求;如大小符合设计要求且均匀,则整个梁体的预应力的大小及布局符合要求,梁体不利变形小,梁的预应力施工符合标准。

2. 整桥评估

全桥各梁的有效预应力大小和不均匀度的检测控制,形成整桥的预应力分布及评估结果;同时根据整桥预拱度和桥梁线形的状况,从而判断整桥施工质量。

通过整桥预应力施工质量评估,整个工程的验收就有了比较客观和科学的评价依据。通过对同束、同断面有效预应力大小和不均匀度以及成桥线形调索时各有效预应力大小和不均匀度的检测控制，保证筋束使用寿命和桥梁线形符合设计要求，防止因预应力施工不当而造成的梁体下挠和腹板裂纹。通过对检测数据的统计、分析，得出整座桥的预应力施工质量，建立全面的桥梁预应力施工验收评估体系。

二、其他质量检验

(1)对工程质量的检验，除一般混凝土、钢筋混凝土工程的应有检验项目外，尚应进行钢筋冷拉、预应力钢材编束、管道预留、施加预应力、管道压浆等项目的施工检验以及预应力筋、张拉机具、锚夹具的质量检查、检验。

(2)预应力束的力筋应梳理顺直，不得扭绞，表面不应有损伤。

(3)单根力筋不允许有断筋、断丝或滑移。

(4)同一截面预应力筋接头面积应不超过预应力筋总面积的25%，接头的质量应符合规范要求。

(5)预应力筋张拉或放张时，混凝土强度和龄期必须符合设计要求，并应严格按设计规定的顺序进行操作。

(6)采用镦头锚时，镦头应头形圆整，不得有斜歪、破裂。

(7)制孔管道应安装牢固，接头密合，弯曲圆顺。锚垫板平面应与管道轴线垂直。

(8)压浆工作在5℃以下进行时，应采取防冻保温措施。

(9)压浆用的水泥浆性能和强度应符合施工技术规范要求。压浆时，排气孔、排水孔应在有原浆溢出后方可关闭。

(10)应按设计和规范要求浇筑封锚混凝土。

三、检验依据

预应力张拉施工质量检验中各项目的控制要求和允许偏差见表10-3～表10-7，以此作为检测验收的依据。

后张预应力筋制作安装允许偏差　　表10-3

项　　目		允许偏差(mm)	检验方法和频率
管道坐标	梁长方向	30	抽查30%，每根查10个点
	梁高方向	10	
管道间距	同排	10	抽查30%，每根查5个点
	上下层	10	

张拉过程检验频率 表10-4

类别	检验频率(%)
一般桥梁预应力筋	≥10
连续梁桥、连续刚构桥预应力筋	≥20
桥梁合龙段预应力筋	≥20
拉索、吊索、系杆索	≥30

张拉过程控制精度 表10-5

类别		控制精度(%)
张拉同步性	预应力筋	±2
	索	±2
张拉控制应力	预应力筋	±1.5
张拉控制力	索	±1

预应力、索力检验频率 表10-6

类别		检验频率(%)
预应力筋	一般预应力筋	≥10
	体外筋、环形筋、无粘结筋、竖向筋、负弯矩段筋	≥15
	边、中跨合龙段预应力筋	≥20
索		≥15

预应力筋有效预应力检测质量汇总 表10-7

项目		允许偏差(%)
不均匀度	有效预应力同束不均匀度	±5
	有效预应力同断面不均匀度	±2
大小	单根钢绞线有效预应力大小	±5
	整束平均有效预应力大小	±5

第四节 补救措施

经过有效预应力检测,对不合格的钢绞线进行处理。对于单根钢绞线有效预应力值超过设计大小的,不能进行放张;如果数量超过整束的40%,则此钢绞线应整束退索,重新梳编穿束张拉。对于锚下有效预应力值小于设计的,如果其整束束力符合要求,而单根锚下有效预应力大于105kN(即0.4倍抗拉强度,根据预应力学会的行业规定,普通锚具夹片,当钢绞线有效预应力小于0.4倍抗拉强度后易发生滑移),这种情况可不补张;如果整束束力偏小,单根锚下有效预应力不足0.4倍抗拉强度,则对其进行补张,补张后单根钢绞线锚下预应力累计增量不得超过整束束力的1.5%,以免对其他单根绞线受力产生影响。

第五节　连续刚构桥竖向索预应力施工控制

连续刚构桥梁,通常采用竖向预应力和纵向预应力两者结合来控制腹板的剪应力和主拉应力。理论分析及实践经验表明,如果竖向预应力钢筋不能充分发挥作用,桥梁腹板的主拉应力就将超过规范规定的限值,有可能出现斜裂缝。如果施工质量控制不当,使箱梁腹板产生裂缝,对桥梁的刚度和耐久性将产生不利影响,最终影响桥梁的使用寿命。

竖向预应力筋很短,张拉过程中拉伸值较小,施工单位用尺测量其伸长值,难免产生误差,同时锚固时会产生预应力损失。对于短束,因锚具回缩、接缝压缩等原因造成的预应力损失十分明显。竖向预应力筋比较短,与纵向预应力筋相比达到相同的应力水平,其弹性变形要小得多,所以有必要对施工中的竖向预应力进行检测控制,发现其存在的规律,以准确建立竖向有效预应力值。

为保证竖向索锚固后有效预应力达到设计要求,有必要对其进行严格的控制,严格执行梳束、编束、整束穿束工艺,张拉前进行调索,保证绞线受力均匀度,以确保在进行超张拉时,各筋束不会进入屈服阶段甚至出现断丝情况;对于较短的竖向束,可考虑采用专用锚杯,使之支撑在可调节的螺杆上,减小绞线回缩对有效预应力的影响。进行超张拉时,必须保证锚下混凝土的密实度,螺旋筋与锚具配套,配筋密度符合设计要求,以避免混凝土表面出现下陷和裂缝等不良现象;如出现上述现象,施工单位无权擅自处理,必须上报,决不允许在未处理完毕前进行压浆。图10-6、图10-7为现场实施竖向预应力张拉施工测控的情形。

图10-6　箱梁竖向索预应力张拉施工测控

图 10-7　竖向预应力检测设备

第六节　连续T梁、箱梁桥现浇连续段预应力施工控制

对于先简支后连续的T梁、箱梁，其现浇段预应力钢束很短，一般为7～12m。从布束上看，预应力钢束较为平直，故摩阻不大，现普遍采用两端张拉，预应力损失甚为严重。按一般锚具、限位板与钢绞线的匹配关系，根据现行规范要求，张拉锚固后其回缩值为6mm，两端张拉则为12mm。经过简单计算悉知，此回缩影响值见表10-8。

钢绞线回缩影响值　　表10-8

钢绞线长(m)	7	8	9	10	11	12
单索减少量(公称直径为15.2mm的钢绞线)(kN)	45.7	40	35.6	32	29	26.7

若张拉控制应力为$0.75f_{pk}$，对应张拉力为195kN，锚固后锚下有效预应力为170～190kN，通过损失折减计算，7～12m的预应力索张拉锚固后全部不合格(均偏小)。计及锚具压缩变形，严重影响了有效预应力的建立。因此，建议对现行预应力施工状况进行检测。在此基础上，对其开展摩阻损失检测，实施单端张拉，并确定超张拉系数。此外，尚可采用低回缩值锚具(价格略高，需采用专用张拉工装)，从而确保有效预应力达到设计要求。

第七节　环形束预应力施工控制

对于环形束(如斜拉桥索塔的环形束)，其曲率较大，摩阻损失很明显。为了解预应力分布状态，确保有效预应力的准确建立，应进行摩阻测试和张拉跟踪控制，并加大有效预应力检测力度，以便采取相应的工艺控制措施(超张拉或采用低回缩值锚具等)。

第十一章　索力张拉施工测控

此处的索泛指缆索支撑结构的柔性拉力构件，如斜拉桥拉索，拱桥吊杆、系杆，以及悬索桥吊索等。索力的张拉程序与预应力张拉比较接近，因此预应力的张拉跟踪控制和有效预应力的检测同样适用于索力的张拉跟踪控制和有效索力的检测，因此在这里也介绍一下索的张拉施工质量检测控制。本章主要以斜拉索为例。

第一节　索的制作与安装

一、索的制作与防护

1. 索的制作

热铸锚、镦头锚和冷铸镦头锚都可以事先装固在拉索上，称拉锚式锚具。配装夹片群锚的拉索，张拉时千斤顶直接拉钢索，张拉结束后锚具才发挥作用，所以夹片式群锚又称拉丝式锚具。

每一根拉索的长度基数，是该拉索上下两个索孔出口处锚板中心的空间距离 L_0。对这一基数进行若干修正即可得到下料长度。

对于使用拉锚式锚具的拉索，需要修正的有：

$\triangle L_e$——弹性拉伸修正；

$\triangle L_f$——拉索垂度修正；

$\triangle L_{ML}$——张拉端锚具位置修正；

$\triangle L_{MD}$——固定端锚具位置修正。

对于镦头锚，每一个镦头需要的钢丝长度为 $1.5d$（d 为钢丝直径）。

最后得拉索的下料长度 L：

$$L = L_0 - \triangle L_e + \triangle L_f + \triangle L_{ML} + \triangle L_{MD} + 2d \tag{11-1}$$

对于使用拉丝式锚具的拉索，要加上满足张拉千斤顶工作所需的拉索操作长度 $\triangle L_J$：

$$L = L_0 - \triangle L_e + \triangle L_f + \triangle L_{ML} + \triangle L_{MD} + \triangle L_J \tag{11-2}$$

若工厂落料时的温度和桥梁设计中取定的标准温度不一致，则在落料时还应加温度修正。若采用应力下料,则要考虑应力下料修正。

对于采用拉锚式锚具的拉索,其长度要求相当严格。通常对于短索,要求其误差不大于30mm;对于长索,则不大于索长的0.03%。对于重要的桥梁,设计者也可以根据具体情况,制定更高的标准。

对于采用拉丝式锚具的拉索,其长度误差范围稍宽,但要按宁长毋短的原则掌握。

对于大跨和特大跨的斜拉桥,拉索的制作宜和挂索协调进行。

拉索及其附件应委托有资质的专业单位制作,严格执行国家或部颁的行业标准和规定生产,并应进行检测和验收。

2. 索的防护

无粘结拉索锚头部分应进行有效防腐并予以密封,防腐或经定期保养后的防腐效果应保证其使用寿命大于或等于拉索的设计使用寿命。

有粘结拉索应将锚板、支撑筒、延长筒部分灌注抗老化性能好、强度大于50MPa的固结混合物,灌浆应保证浆体的密实性和均匀性。

部分斜拉桥有粘结拉索应将抗滑锚筒、拉索、塔侧挡板间灌注抗老化性能好、强度大于50MPa的固结混合物,灌浆应保证浆体的密实性和均匀性。

灌浆后要在锚具上安装保护罩,并在保护罩内灌注油脂对裸露的钢绞线、夹片和锚板进行防腐。

二、索的安装

索的安装方法宜根据塔高、布索方式、索长、索径、索的刚柔程度、起重设备和施工现场状况等综合选择。

对于采用拉锚式锚具的拉索,可以借助卷扬机,直接将锚具拉出索孔后用螺母固定。当拉索长度超过100m、质量超过5t时,直接用卷扬机将锚具拉出洞口就有困难。这时,可以将张拉用的连接杆先接装在拉索锚具上,用卷扬机拉至连接杆露出洞口。对于更长更重的拉索,由于卷扬机的牵引力有限,连接杆的长度就要相应加大。较长的连接杆,可由几节组成,千斤顶拉出一节,卸去一节,比较方便。对于特长特重的拉索,卷扬机的牵引力有限,连接杆的长度也不能太长,要采用新的方法。在塔上的索孔中先穿入一束由若干根钢绞线组成的柔性牵引索,并在千斤顶上附设一套钢绞线束的牵引装置,从而利用千斤顶的力量,将连接杆拉入索孔。除了在事先进行计算,确定所需的卷扬机能力和连接杆长度外,在安装过程中还应校验计算值是否和实际相符。斜拉桥的结构特性,决定了施工时的挂索程序必定是由短到长。因此,根据先期安装的实践,可以预计下一根较长索的情况，及时对卷扬机的能力和连接杆的长度作出调整。

对于配装拉丝式夹片群锚锚具的钢绞线拉索，安装时要在拉索上方设置一根粗大钢缆作为辅助索，拉索的聚乙烯套管先悬挂在辅助索上，然后逐根穿入钢绞线。

拉索安装时，不得损伤索体保护层和锚头及螺纹，保护拉索不受腐蚀、加热、磨损和其他不利影响。

第二节　索力张拉施工测控方法

一、控制频率与精度

由于拉索张拉施工难度大，要求精度高，因此应加大对其检测控制的频率，一般为30%。

索力张拉检测控制应符合现行《公路桥涵施工技术规范》(JTJ 041)的规定。

(1)平行钢丝拉索张拉时，索塔顺桥向两侧的拉索和横桥向对称的拉索必须对称同步张拉；同步张拉时不同步索力的相差值不得超出设计规定；两侧不对称的或设计拉力不同的拉索，应按设计规定的索力分级同步张拉，其控制精度为±2%。

(2)平行钢绞线拉索张拉时，宜采用单根钢绞线张拉，按分级、等值的原则进行。张拉宜以索力值为准，伸长值作校核。其张拉控制精度为±2%。出现下列情况时，所有钢绞线均应重新张拉：单根索力与平均索力的偏差大于3%；实际总索力(同断面有效拉力)与设计值偏差超过2%。

(3)拉索张拉完毕后，应按以下原则进行全桥线形调整：以主梁线形控制为主，索力控制为辅，按设计方认可的偏差控制。

二、索力张拉施工工艺

张拉施工的设备和方法应根据设计的索型、锚具、布索方式、塔和梁的构造确定。拉索张拉的顺序、级次数和量值应按设计规定执行，应以索力或油压表量值为准，以延伸值作校核，并应视拉索防振圈以及弯曲刚度的状况对测值予以修正。

平行钢丝拉索宜采用整体张拉。索塔顺桥向两侧的拉索和横桥向对称的拉索必须对称同步张拉，同步张拉时不同步索力的相差值不得超过设计规定；两侧不对称的或设计拉力不同的拉索，应按设计规定的索力分级同步张拉。拉索锚固时,不宜在锚环与承压板间加垫;需要加垫时,其垫圈材料和强度应符合承压要求,并应设成两个密贴带扣的半圆。

平行钢绞线拉索宜采用单根钢绞线安装、单根张拉,最后再整体张拉的施工方案。单根张拉应按“分级”、“等值”的原则进行。拉索张拉完成后,应对各个锚固单元进行顶压,并安装防松装置;必须对斜拉索进行最后组装,对拉索进行抗震防护与防腐处理;无粘结拉索防腐填料不允许灌注环氧树脂、水泥浆等固结材料。部分预应力斜拉桥每张拉完一根钢绞线,必须对索鞍两侧管口进行封堵,保证雨水与杂物不会进入管内。

拉索施工应进行专门的施工控制,施工过程应作永久记录。

第三节 有效索力检验

一、检验频率与精度

索张拉后应于1h内进行检验,才能做到检测控制及时,方便可靠,达到控制张拉质量的目标。检验以抽检为主。由于斜拉索施工难度大,精度要求高,应加大检验频率,检验频率不得小于15%。

对斜拉桥的拉索(平行钢丝索),锚固后不能进行单根钢绞线检测调整,只进行整索有效拉力检测,通过严格的施工工艺(尤其是张拉跟踪控制)进行不均匀度控制,在张拉施工阶段能够满足规程±2%的要求;但在成桥线形调索时,由于主要是满足桥梁线形,使得最终索力偏差无法完全达到规范要求,故一般放宽到±5%。今后的研究方向就是如何使桥梁线形与索力在最终成桥时达到统一,既能满足线形要求,又能让索力大小符合规范要求。

二、检验方法

测定索有效拉力的传统方法有:压力表法(压力表测定千斤顶液压)、压力传感器法(压力传感器直接测定)、频率法(根据拉索振动频率换算)。

1. 压力表法

使用0.3~0.5级的精密压力表,并事先通过标定,求得压力表所示液压和千斤顶张拉力之间的关系,就可求得索力。千斤顶的液压也可用液压传感器测定,液压传感器感受液压后输出相应电信号,送入接受仪表后即可显示压强或换算后直接显示张拉力。

2. 压力传感器法

在张拉时,千斤顶的张拉力通过连接杆传到拉索锚具,如果在连接杆上套一个穿心式的压力传感器,张拉时处在千斤顶张拉活塞和连接杆螺母之间的传感器,在受压后就输出电信号,于是就可在配套的二次仪表上读出千斤顶的张拉力。

3. 频率法

工程结构中的拉索并不处在绝对静止的状态,而是时刻发生环境随机振动。这种振动不明显,而且各阶频率混在一起,要用精密的拾振器才能感受。通过频谱分析,根据功率谱图上的峰值,才能最后判定拉索的各阶频率。得到频率,即可利用索的张拉与频率的关系求算索力。但利用频率法测定索力时,要得到精确结果,存在种种困难。因此用频率法测定索力时,首先要精确测定频率,特别是低阶频率;其次要准确设定拉索的计算长度。

预应力张拉锚固自动检测控制仪能准确测出索有效预应力的大小,并分析其不均匀度。其测试方法与有效预应力相似。前文对此已有叙述,这里不再赘述。

第四节　成桥线形调索

斜拉桥的索力是全桥结构内力的代表性标志。成桥状态的索力是通过施工阶段的张拉来实现的,而成桥过程中索力必然发生阶段性变化,因此必须对斜拉桥的索力进行检测控制,确保各索力与设计相符。

传统施工方法对斜拉桥和悬索桥的成桥线形控制,是在合龙时四索同时进行张拉调整,对桥面高程偏大的拉索进行放张,对偏低的进行张拉,从而达到满足高程要求的目的。此种方法比较麻烦,而且操作很不方便。因为只通过四索的放松或张拉来控制合龙,如高程差稍大,一则很难调节,而且索力调整将在形成叠合梁的桥面板混凝土中产生附加内力;二则因主梁刚度较大,容易使梁体处在一个不平衡力的作用下,发生事故,并且很难保证整桥的线形度。

对成桥阶段和合龙段进行调索,应从整桥考虑;同时强调后续安装阶段对已安装的某些索的影响。不管各索索力变化如何,全桥合龙后各拉索均应达到设计要求。针对该复杂情况,可采用四个千斤顶进行多点分步调索。当四个千斤顶张拉时,各仪器自动记录、计算力和位移的数据,实时向主机发送;主机连接计算机,绘出力与位移的曲线,从而找出敏感特征点(即各索索力对线形度影响大的点),从而达到控制整个桥梁各索位置点的高程和索力大小、保证线形的目的。同时,该方法对换索亦具有很大的价值。

第十二章 应用实例

第一节 梳编穿束实例

在实际检测中发现，没有进行梳编穿束的预应力筋，最终的张拉效果不佳，有效预应力不均匀度非常大。下面是进行了梳编穿束的预应力筋与未进行梳编穿束的张拉效果对比，从中可以看出有效预应力不均匀度在进行了梳编穿束后大幅度降低。

若采用单根穿束，会严重影响各绞线受力的均匀性，见表12-1、表12-2。

有效预应力检测报告(一) 表12-1

梁：左幅第四节段

孔号：1 索力不均匀度：33.28% 梳束编束穿束质量：较差

索 号	实测值(kN)	校正值(kN)
1	190.00	190.00
2	150.88	175.08
3	190.00	190.00
4	192.92	192.92
5	190.76	190.76
6	190.09	190.09
7	191.00	191.00
8	190.00	190.00
9	189.09	189.09
10	194.48	194.48
11	190.17	190.17
12	192.79	192.79
13	193.23	193.23
14	187.05	187.05
15	193.48	193.48

续上表

索　号	实测值(kN)	校正值(kN)
16	190.10	190.10
17	190.50	190.50
18	194.99	194.99
19	130.08	170.08
20	190.62	190.62
21	190.00	190.00
22	191.30	191.30
23	192.80	192.80
24	190.61	190.61
25	192.54	192.54
整束	4679.48	4743.68

有效预应力检测报告(二) 表12-2

梁:中跨26号段

孔号:S3-2　索力不均匀度:25.11%　梳束编束穿束质量:很差

索　号	实测值(kN)	校正值(kN)
1	155.58	155.58
2	199.49	199.49
3	199.94	199.94
4	207.77	207.77
5	201.59	201.59
6	202.32	202.32
7	198.97	198.97
8	186.96	186.96
9	186.22	186.22
10	186.51	186.51
11	186.73	186.73
12	186.18	186.18
13	187.15	187.15
14	187.22	187.22
15	187.15	187.15

续上表

索　　号	实测值(kN)	校正值(kN)
16	186.93	186.93
17	186.99	186.99
18	187.15	187.15
19	186.99	186.99
20	186.76	186.76
21	187.31	187.31
22	187.12	187.12
23	187.60	187.60
24	187.44	187.44
25	187.41	187.41
26	187.31	187.31
27	188.21	188.21
整束	5107.01	5107.01

经有效预应力检测控制,采用整束穿束的方法进行施工后,取得了明显效果,同束索力不均匀度大为改观,绝不会出现张拉中的断丝现象,检测数据见表12-3～表12-7。

有效预应力检测报告(三)　　表12-3

梁:边跨合龙段首次

孔号:1　索力不均匀度:8.14%　梳束编束穿束质量:合格

索　　号	实测值(kN)	校正值(kN)
1	186.74	186.74
2	180.00	180.00
3	182.22	182.22
4	188.26	188.26
5	180.74	180.74
6	176.49	176.49
7	183.01	183.01
8	173.76	173.76
9	188.43	188.43
10	178.37	178.37

续上表

索　　号	实测值(kN)	校正值(kN)
11	177.41	177.41
12	174.81	174.81
13	175.92	175.92
14	177.00	177.00
15	175.00	175.00
16	177.45	177.45
17	175.30	175.30
18	181.02	181.02
19	186.11	186.11
20	174.92	174.92
21	187.05	187.05
22	189.16	189.16
23	184.34	184.34
整束	4153.51	4153.51

有效预应力检测报告(四)　　表 12-4

梁:边跨合龙段首次

孔号:2　　索力不均匀度:7.41%　　梳束编束穿束质量:良好

索　　号	实测值(kN)	校正值(kN)
1	183.35	183.35
2	179.91	179.91
3	174.34	174.34
4	179.60	179.60
5	176.52	176.52
6	183.73	183.73
7	178.36	178.36
8	170.10	170.10
9	179.86	179.86
10	175.32	175.32
11	172.28	172.28
12	171.98	171.98

续上表

索　号	实测值(kN)	校正值(kN)
13	170.36	170.36
14	176.86	176.86
整束	2472.56	2472.56

有效预应力检测报告(五)　　表 12-5

梁:边跨合龙段首次

孔号:3　　索力不均匀度:6.49%　　梳束编束穿束质量:良好

索　号	实测值(kN)	校正值(kN)
1	179.37	179.37
2	175.14	175.14
3	182.11	182.11
4	181.82	181.82
5	174.87	174.87
6	177.63	177.63
7	172.34	172.34
8	178.13	178.13
9	177.84	177.84
10	180.32	180.32
11	170.28	170.28
12	171.98	171.98
13	178.36	178.36
14	179.86	179.86
整束	2480.05	2480.05

有效预应力检测报告(六)　　表 12-6

梁:中跨 26 号段

孔号:S4-2　　索力不均匀度:3.51%　　梳束编束穿束质量:优秀

索　号	实测值(kN)	校正值(kN)
1	187.60	187.60
2	191.27	191.27
3	186.99	186.99
4	188.72	188.72

续上表

索　号	实测值(kN)	校正值(kN)
5	188.60	188.60
6	191.79	191.79
7	187.99	187.99
8	191.66	191.66
9	188.34	188.34
10	192.24	192.24
11	193.06	193.06
12	192.95	192.95
13	187.02	187.02
14	193.56	193.56
15	189.86	189.86
16	193.56	193.56
17	186.75	186.75
18	193.37	193.37
19	187.52	187.52
20	192.95	192.95
21	189.62	189.62
22	193.11	193.11
23	191.35	191.35
24	193.01	193.01
25	189.07	189.07
26	193.17	193.17
27	191.59	191.59
整束	5146.73	5146.73

有效预应力检测报告(七)　　表 12-7

梁:中跨 26 号段

孔号:S4-1　　索力不均匀度:3.33%　　梳束编束穿束质量:优秀

索　号	实测值(kN)	校正值(kN)
1	190.47	190.47
2	188.15	188.15

续上表

索　号	实测值(kN)	校正值(kN)
3	190.58	190.58
4	188.12	188.12
5	191.63	191.63
6	187.89	187.89
7	191.76	191.76
8	188.96	188.96
9	192.02	192.02
10	188.38	188.38
11	192.40	192.40
12	187.21	187.21
13	193.11	193.11
14	188.13	188.13
15	193.66	193.66
16	188.59	188.59
17	193.66	193.66
18	188.44	188.44
19	193.50	193.50
20	188.40	188.40
21	193.01	193.01
22	191.04	191.04
23	193.05	193.05
24	190.78	190.78
25	193.27	193.27
26	189.89	189.89
27	192.92	192.92
整束	5148.99	5148.99

分段张拉锚固的预应力束，由于受到梁段长度的限制，纵向预应力束普遍较短，分段张拉时用连接器接长预应力束，各孔内绞线极易缠绕。这就对预应力束的梳、编、穿束工艺提出了更高的要求。根据我们现场观测，有些施工单位由于工期紧、施工难度大等原因，预应力束的安装没有严格按照规范要求的梳、编、穿

束工艺执行(图 12-1),故不均匀性严重(表 12-8)。

图 12-1　预应力施工现场

有效预应力检测报告(八)　　表 12-8

梁:边跨 27 号段

孔号:4　　索力不均匀度:22.59%　　梳束编束穿束质量:较差

索　号	实测值(kN)	校正值(kN)
1	193.42	193.42
2	189.20	189.20
3	187.01	187.01
4	189.22	189.22
5	189.65	189.65
6	193.29	193.29
7	189.19	189.19
8	189.11	189.11
9	191.18	191.18
10	185.76	185.76
11	194.89	194.89
12	188.33	188.33
13	193.97	193.97
14	188.92	188.92
15	194.61	194.61
16	188.20	188.20
17	185.95	185.95

续上表

索　号	实测值(kN)	校正值(kN)
18	159.41	159.41
19	156.44	156.44
20	152.14	152.14
21	150.86	150.86
22	159.78	159.78
整束	4010.53	4010.53

带挤压套的绞线在完成P型锚具(连接器周边槽)安装后必须逐根编号,套入锚具进行梳理;锚具各孔位也应做好对应编号,此位置应与锚具安装孔位保持一致。P型锚具与梳理锚具之间各绞线线形圆顺,不得有缠绕现象发生;同时应采用扎丝对已梳理顺直的绞线逐段绑扎,绑扎间距不宜大于1m。绑扎完毕的绞线方可依次安装罩壳、紧箍环和波纹管。为慎重起见,在预应力张拉前还应采用单索张拉千斤顶对各索预应力筋逐根预紧,预紧力为0.15σ_{con}。经检测发现问题、进行整改,优化施工工艺。采取上述工艺进行整束穿束后,预应力施工质量有了明显的改观,同束索力不均匀度完全合格,见表12-9。

有效预应力检测报告(九)　　表12-9

梁:边跨25号段

孔号:S6-4　　索力不均匀度:5.05%　　梳束编束穿束质量:良好

索　号	实测值(kN)	校正值(kN)
1	182.22	182.22
2	188.58	188.58
3	189.43	189.43
4	182.00	182.00
5	184.02	184.02
6	183.79	183.79
7	181.82	181.82
8	181.12	181.12
9	181.95	181.95
10	182.61	182.61
11	181.81	181.81
12	184.57	184.57

续上表

索　号	实测值(kN)	校正值(kN)
13	183.95	183.95
14	183.44	183.44
15	179.98	179.98
16	179.85	179.85
17	182.65	182.65
18	184.99	184.99
19	182.94	182.94
20	184.24	184.24
21	180.97	180.97
22	181.43	181.43
整束	4028.36	4028.36

第二节　张拉跟踪控制实例

在各张拉千斤顶上分别安装压力传感器、位移传感器和数显式张拉控制仪。传感器自动检测张拉力和伸长值,数显式张拉控制仪显示其数据(本千斤顶)并利用无线传输自动发射,还可实时显示其他各千斤顶的张拉数据,并根据对方当前的张拉力值及时调整,以确保两端的张拉精度(同步性、张拉控制应力和持荷时间)。仪器能自动记录所有张拉数据,可根据需要打印出来。控制精度相对较高,操作较为方便。

下面介绍应用新施工工艺与设备进行的张拉施工控制实例。

一、实例 1

图 12-2、表 12-10 所示为某桥某梁段的张拉跟踪控制。其持荷时间充分,超过了 6min,最终两端张拉力为 4296kN 与 4295kN,同步精度高且与设计张拉力 4296.6kN 偏差小:同步性最大偏差为 1.80%,在规定的 ±2% 范围内;最终张拉应力最大偏差为 0.04%,在规定的 ±1.5% 范围内。同理,图 12-3、表 12-11 所示为另一梁段的张拉跟踪控制结果。

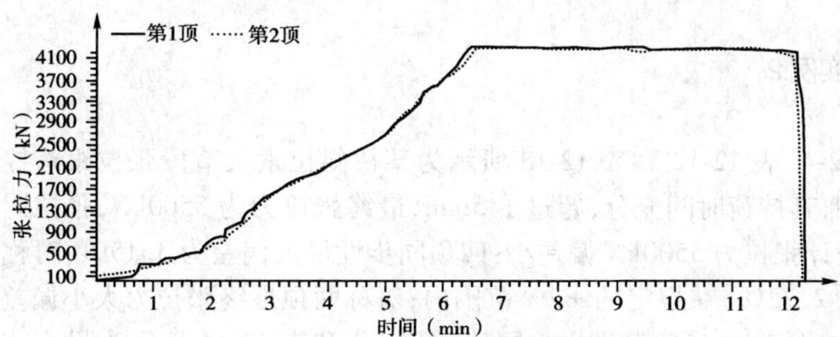

图 12-2 预应力张拉控制

注:设计张拉力为 4296.6kN。

预应力张拉控制 表 12-10

张拉力	50%	60%	70%	80%	90%	100%
第 1 顶(kN)	2148	2577	3007	3437	3866	4296
第 2 顶(kN)	2113	2590	3061	3458	3785	4295
差值(kN)	35	13	54	21	81	1
误差百分比	1.63%	0.50%	1.80%	0.61%	2.10%	0.02%

注:第 1 顶和第 2 顶的张拉力为 4296.6kN。

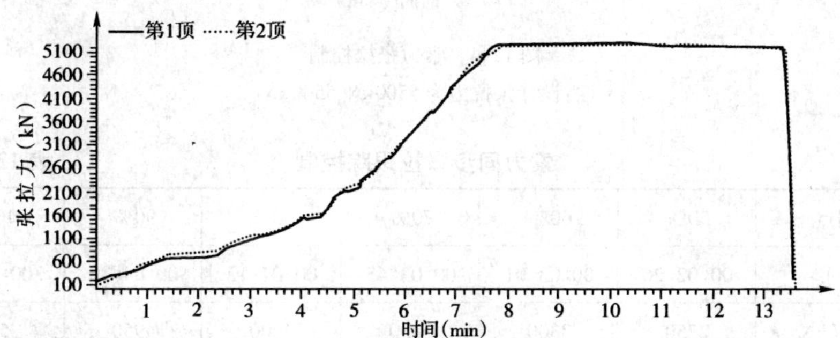

图 12-3 预应力张拉控制

注:设计张拉力为 5273.1kN。

预应力张拉控制 表 12-11

张拉力	50%	60%	70%	80%	90%	100%
第 1 顶(kN)	2636	3163	3691	4218	4745	5273
第 2 顶(kN)	2593	3212	3722	4178	4839	5268
差值(kN)	43	49	31	40	94	5
误差百分比	1.63%	1.55%	0.84%	0.95%	1.98%	0.09%

注:第 1 顶和第 2 顶的张拉力为 5273.1kN。

二、实例2

图 12-4、表 12-12 和表 12-13 所示为某桥斜拉索某节段张拉跟踪控制。张拉过程中,其持荷时间充分,超过了 5min,最终张拉力为 5500kN,张拉同步精度高且与设计张拉力 5500kN 偏差小:四顶同步性最大偏差为 3.15%,对称同步最大偏差为 2.73%,在规定的 ±2% 范围内;对称两顶最终张拉力大小偏差最大为 0.31%,在规定的 ±1% 范围内。同理,图 12-5 和表 12-14 所示为另一节段的张拉跟踪控制结果:

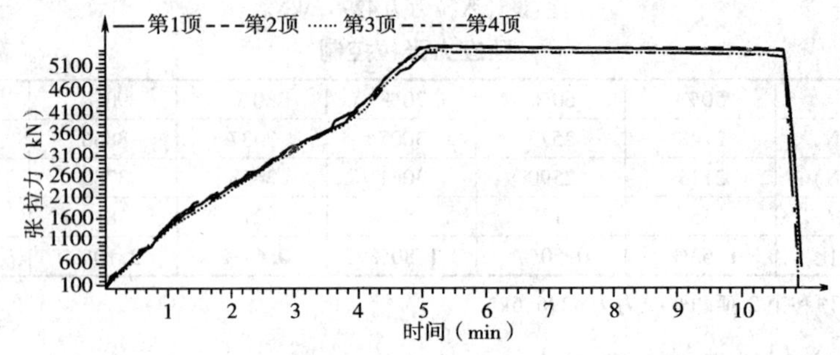

图 12-4 索力张拉控制

注:设计张拉力为 5500kN、5500kN。

索力同步张拉跟踪控制 表 12-12

控制点	50%	60%	70%	80%	90%	100%
时间	00:02:26	00:03:01	00:03:45	00:04:12	00:04:30	00:05:01
第 1 顶(kN)	2750	3300	3850	4400	4950	5560
第 2 顶(kN)	2742	3270	3955	4457	4942	5543
第 3 顶(kN)	2724	3230	3772	4275	4812	5425
第 4 顶(kN)	2697	3196	3827	4307	4819	5410
差值(kN)	53	104	105	125	138	150
误差百分比	1.93%	3.15%	2.73%	2.84%	2.79%	2.70%

注:本表是以第 1 顶为基点,当第 1 顶的拉力达到控制点时,列出同一时间其他顶的拉力,由此可以看出张拉的同步性,所列出的差值为其他顶与第 1 顶差值的最大值。

索力对称同步张拉控制　　表 12-13

控制点	50%	60%	70%	80%	90%	100%
时间	00:02:26	00:03:01	00:03:45	00:04:12	00:04:30	00:05:01
第 1 顶(kN)	2750	3300	3850	4400	4950	5560
第 2 顶(kN)	2742	3270	3955	4457	4942	5543
差值(kN)	8	30	105	57	8	17
误差百分比	0.29%	0.91%	2.73%	1.30%	0.16%	0.31%
时间	00:02:28	00:03:04	00:03:50	00:04:17	00:04:37	00:05:01
第 3 顶(kN)	2750	3300	3850	4400	4950	5425
第 4 顶(kN)	2722	3264	3902	4409	4933	5410
差值(kN)	28	36	52	9	17	15
误差百分比	1.02%	1.09%	1.35%	0.20%	0.34%	0.28%

注:本表列出的是同束两端对顶中其中一顶达到控制点时另一顶的拉力,由此可以看出各对顶的同步张拉控制情况,反映张拉中同束应力分布合理性。

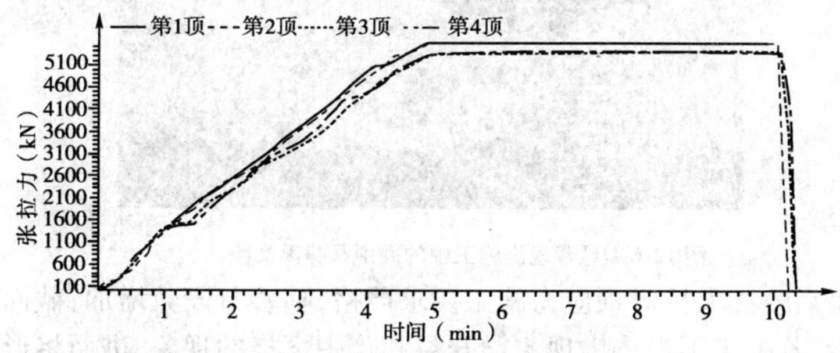

图 12-5　索力张拉控制

注:设计张拉力为 5530kN、5370kN。

索力张拉控制　　表 12-14

张拉力	50%	60%	70%	80%	90%	100%
第 1 顶(kN)	2765	3318	3871	4424	4977	5530
第 2 顶(kN)	2731	3257	3900	4374	4828	5528
差值(kN)	34	61	29	50	149	2
误差百分比	1.23%	1.84%	0.75%	1.13%	2.99%	0.04%
第 3 顶(kN)	2685	3222	3759	4296	4833	5370
第 4 顶(kN)	2620	3085	3563	4140	4812	5356
差值(kN)	65	137	196	156	21	14
误差百分比	2.42%	4.25%	5.21%	3.63%	0.43%	0.26%

注:第 1 顶和第 2 顶的张拉力为 5530kN,第 3 顶和第 4 顶的张拉力为 5370kN。

第三节 有效预应力检测实例(阆中马啸溪嘉陵江大桥)

一、工程概况

有效预应力检测控制技术,在阆中马啸溪嘉陵江大桥中得到有效应用和充分检验。如图 12-6 所示,该桥是一座预应力混凝土连续刚构桥,主桥长 743.77m,引桥长 606m,主桥跨径为 78m + 130m + 78m。桥高 35.6m,宽 25.5m,双向四车道。

图 12-6 悬臂现浇施工中的阆中马啸溪嘉陵江大桥

马啸溪嘉陵江大桥对预应力施工要求严格,随着节段数增加,截面上的锚索数愈来愈少,若施工不当将出现主梁开裂和跨中下挠的现象,进而将形成病害工程,危及桥梁的使用寿命。在预应力施工中,有效预应力的精确控制,已成为保证预应力混凝土刚构桥梁的安全和耐久性的关键。马啸溪嘉陵江大桥检测控制现场如图 12-7 所示。

图 12-7 马啸溪嘉陵江大桥检测控制现场

二、检测结论

在实际工作中，检测了大桥第 18 号墩（7～18 节段）、19 墩（4～18 节段）、中跨合龙段、南侧合龙段、北侧合龙段，总共 184 束预应力索（368 个锚头）。从检测数据可以看出（表 12-15～表 12-20）：在早期张拉时，如 18 号墩 7、8 节，19 号墩 4 节等存在有效预应力偏小的情况，单根有效预应力多在 150～160kN，整束有效预应力不足，这也是一般预应力张拉的通病。对检测中不符合要求的索，我们及时进行校正。预应力张拉锚固自动控制综合测试仪设有检测与校正同步软件，对不符合要求的索在测试中及时校正达到设计要求，保证了主桥的锚下有效预应力达到设计要求。

实测 18 号墩锚下整束有效预应力（每锚 27 孔/索，单位：kN）　表 12-15

部　位	7 节	8 节	9 节	10 节	11 节	12 节	13 节	14 节	15 节	16 节	17 节	18 节
南上游上锚	4543	4958	4890	5114	4817	4729	4703	4811	5147	5106	4999	5015
南上游下锚	4496	4801	4716	4675	4935	4770		4301	4610	4906	4779	4897
南上游上锚	4161	4789	4853	5051	5186	5155	4681	4977	5211	5078	5185	5204
南上游下锚	4161	4546	4707	4931	4817	4652		5037	4869	5009	4961	5196
北上游上锚	4792	4800	4715	5045	4966	5076	4930	4845	5199	5187	5173	5077
北上游下锚	4760	4845	4707	4801	4812	4916		4700	4861	5144	4962	4550
北上游上锚	4410	4722	4760	4975	5184	5096	4885		5181	5159	5132	5211
北上游下锚	4396	4609	4707	4775	4934	4836			4943	4875	4982	4363

校正后 18 号墩锚下整束有效预应力（每锚 27 孔/索，单位：kN）　表 12-16

部　位	7 节	8 节	9 节	10 节	11 节	12 节	13 节	14 节	15 节	16 节	17 节	18 节
南上游上锚	4779	4958	4890	5114	4817	4729	4703	4811	5147	5106	4999	5015
南上游下锚	4725	4801	4716	4675	4935	4770		4590	4610	4906	4779	4897
南上游上锚	4590	4789	4853	5051	5186	5155	4681	4977	5211	5078	5185	5204
南上游下锚	4752	4725	4707	4931	4817	4652		5037	4859	5009	4961	5196
北上游上锚	4792	4800	4715	5045	4966	5076	4930	4845	5199	5187	5173	5077
北上游下锚	4760	4845	4707	4801	4812	4916		4700	4861	5144	4962	4550
北上游上锚	4725	4722	4760	4975	5184	5096	4885		5181	5159	5132	5211
北上游下锚	4806	4609	4707	4775	4934	4836			4943	4875	4982	4363

实测 19 号墩锚下整束有效预应力(每锚 27 孔/索,单位:kN)　　表 12-17

部　　位	4 节	5 节	6 节	7 节	8 节	9 节	10 节	11 节	12 节	13 节	14 节	15 节	16 节	17 节	18 节
南上游上锚	4366	4677	4676	5032	4962	5105	5074	4887	4805	5005	4979	5217	5174	4924	4773
南上游下锚	4319	4676	4641	4781	4870	5120	4913	4946	4588	4684	4679	5125	4799	4812	4139
南上游上锚	4497	5133	4815	4996	4995	4806	5022	4797	5047	4841	5155	5202	5102	4675	4792
南上游下锚	4273	4965	4790	4668	4693	4843	4086	4694	4630	4618	4347	5122	4771	4435	4442
北上游上锚	4028	4613	4784	5034	5128	4792	5085	4862	4986	4970	5201	5106	5101	5048	4946
北上游下锚	4169	4613	4681	4758	4764	4705	4736	4886	4668	4670	4371	5118	4835	4806	4720
北上游上锚	4240	4568	4725	4892	4744	4731	5071	4849	4990	4976	5104	5090	5175	5145	4904
北上游下锚	4207	4761	4604	4711	4688	4614	4720	4571	4619	4491	4402	4833	5048	4983	4662

校正后 19 号墩锚下整束有效预应力(每锚 27 孔/索,单位:kN)　　表 12-18

部　　位	4 节	5 节	6 节	7 节	8 节	9 节	10 节	11 节	12 节	13 节	14 节	15 节	16 节	17 节	18 节
南上游上锚	4698	4677	4676	5032	4962	5105	5074	4887	4805	5005	4979	5218	5174	4924	4773
南上游下锚	4779	4676	4641	4781	4870	5120	4913	4946	4588	4684	4679	5125	4799	4812	4401
南上游上锚	4833	5133	4815	4996	4995	4803	5022	4797	5047	4841	5155	5202	5102	4675	4792
南上游下锚	4860	4965	4790	4668	4693	4843	4860	4694	4630	4618	4644	5122	4771	4435	4442
北上游上锚	4671	4613	4784	5034	5128	4792	5085	4862	4986	4970	5201	5106	5101	5048	4946
北上游下锚	4806	4613	4681	4758	4764	4705	4736	4886	4668	4670	4590	5118	4835	4806	4720
北上游上锚	4752	4568	4725	4892	4744	4731	5071	4849	4990	4976	5104	5090	5175	5145	4904
北上游下锚	4725	4761	4604	4711	4688	4614	4720	4571	4619	4491	4590	4833	5048	4983	4662

实测南侧合龙段锚下整束有效预应力(单位:kN)　　表 12-19

部　　位	LL1-1	LL1-2	B1	B2	B3	B4	B5	B6	B7	B8
上游箱内	4984	4791	3687	3777	3748	3577	3723	3638	3858	3625
上游箱外	4828	4947	3719	3765	3906	3942	3965	3839	3867	3806
下游箱内	4909	4703	3942	3844	3829	3586	3920	3868	3886	3815
下游箱外	4526	4628	3631	3627	3866	3500	3751	3739	3626	3972

校正后南侧合龙段锚下整束有效预应力(单位:kN)　　表 12-20

部　　位	LL1-1	LL1-2	B1	B2	B3	B4	B5	B6	B7	B8
上游箱内	4883	4697	4060	4246	3929	3820	3909	3781	3740	4052
上游箱外	5017	4800	3740	3857	4103	3931	3970	3932	3932	3932
下游箱内	4827	5076	3702	3740	3948	3978	3963	4140	3740	3740
下游箱外	4866	4916	3862	3828	3971	3686	3968	3969	3660	3740

检测控制工作取得了较为满意的结果：保证梁体的有效预应力达到设计要求，跨中出现明显反拱（达到近4cm），主梁腹板完好（无任何裂纹现象），对顺利合龙与桥梁使用寿命的提高，都起到了良好的作用。大桥于2004年8月合龙，当年正式通车，日车流量达万辆以上。经过4年多的使用，主梁未出现裂缝。根据2009年的最新测量结果，跨中高程相对竣工时的高程低5cm（挠度），约为主跨径的1/2600，梁体总体的挠度是比较小的，如图12-8所示；通过近期检测发现，该桥主跨跨中下挠已基本稳定。而就目前国内预应力桥梁的施工技术和水平，历经4年多的使用后，挠度与跨径之比小于1/2000，说明该桥的预应力施工质量是比较优秀的。

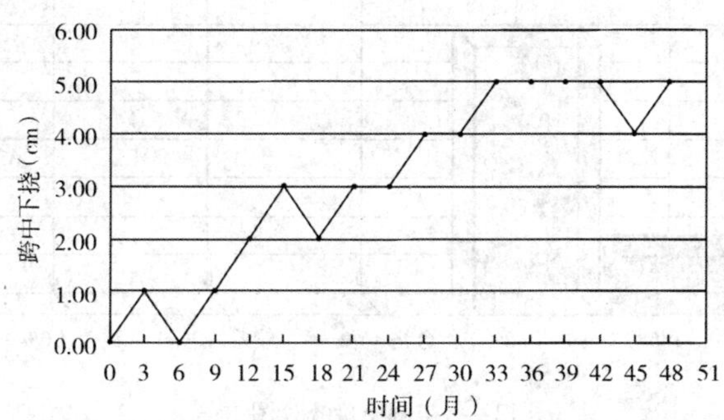

图12-8　阆中马啸溪嘉陵江大桥跨中挠度发展状况

第四节　智能验收评估系统应用实例

通过智能验收评估系统，能查看桥的检测综合报告（表12-21），主要包含对一座桥的目前检测的所有梁的质量统计图及走势图，并由此得出对该桥目前预应力施工的质量评价、存在问题及整改措施。

某桥预应力梁张拉施工质量走势统计（E2合同段检测综合报告）　　表12-21

工程名称	＊＊＊大桥
业主	＊＊＊
设计单位	＊＊＊
监理单位	＊＊＊
施工单位	＊＊＊
检测单位	＊＊＊
检测日期	2008年01月02日～2008年06月17日
合计检测孔数	68

续上表

合计检测梁数	17
实测质量平均得分	87 分
梳编穿束工艺评价	梳编穿束施工良好,请注意保持
张拉重复精度评价	张拉重复精度基本正常,但请注意油压表准确读数,进一步提高质量
张拉工艺评价	张拉施工良好,请注意保持

本合同段共检测了 17 片梁,实测质量统计图及走势图如图 12-9、图 12-10 所示。

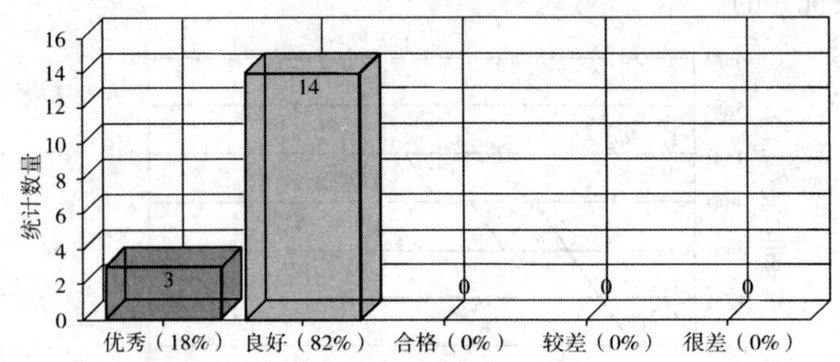

图 12-9　实测质量统计图

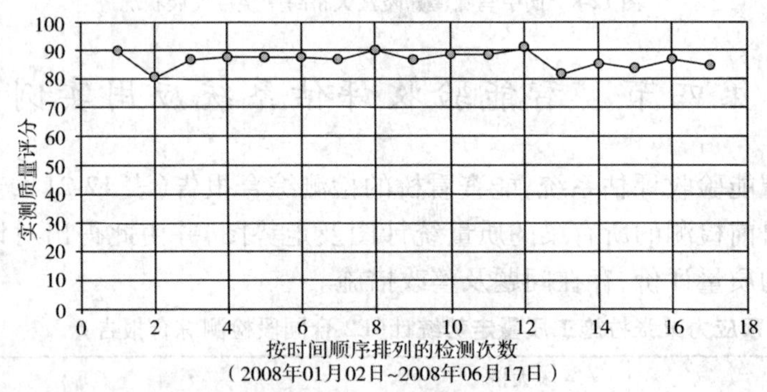

图 12-10　实测质量走势图

注:梁的实测质量由束力不均匀度、同束各索力不均匀度及张拉偏移系数综合评分得出,90 分以上为优秀,80 分 ~90 分为良好,60 分 ~80 分为合格,40 分 ~60 分为较差,40 分以下为很差。

本合同段合计检测孔数 68 孔,实测同束各索力不均匀度统计图和走势图如图 12-11、图 12-12 所示。

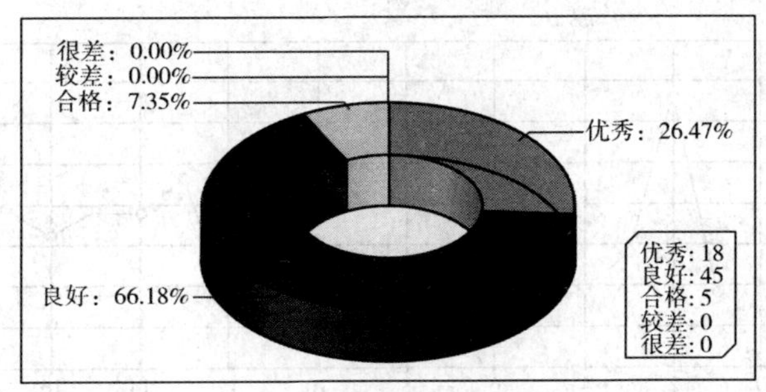

图 12-11　有效预应力同束不均匀度统计图

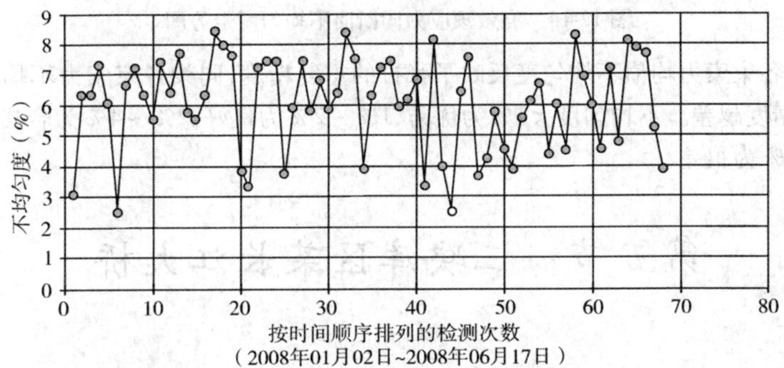

图 12-12　有效预应力同束不均匀度走势图

注:同束各索力不均匀度主要反映的是各孔的梳编穿束质量,不均匀度越大说明梳编穿束质量越差。不均匀度 <5% 为优秀,5% ~8% 为良好,8% ~10% 为合格,10% ~20% 为较差,>20% 为很差。

本合同段合计检测梁数 17 片,实测同梁各束索力均值不均匀度统计图和走势图如图 12-13、图 12-14 所示。

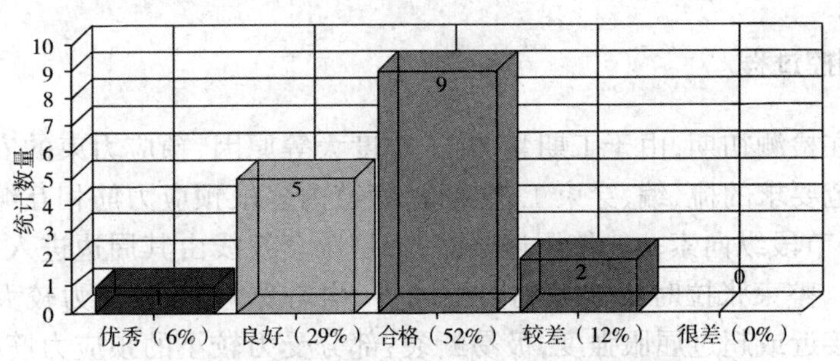

图 12-13　有效预应力同断面不均匀度统计图

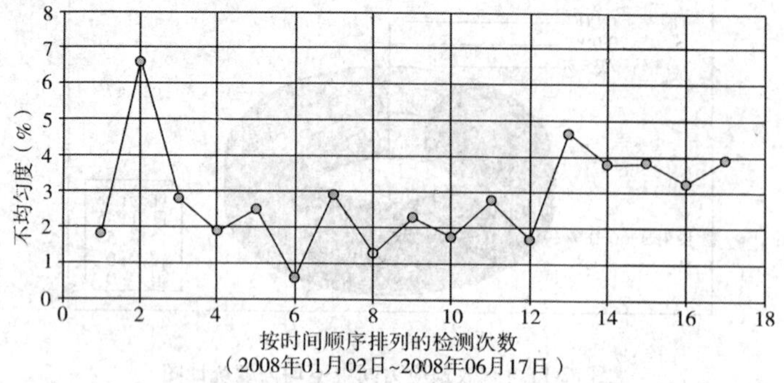

图 12-14　有效预应力同断面不均匀度走势图

注:同梁各束索力均值不均匀度反映了张拉的重复精度,同梁各束索力不均匀度越大说明张拉重复精度越差。不均匀度 <1% 为优秀,1% ~2% 为良好,2% ~4% 为合格,4% ~10% 为较差,>10% 为很差。

第五节　三峡库区某长江大桥

一、工程概况

三峡库区某长江大桥主桥总长 870m,桥型跨径组合方案为 205m + 460m + 205m 的三跨两向预应力混凝土斜拉桥。主梁纵、横向预应力束除 S1 束采用抗拉强度为 750MPa 的精轧螺纹钢筋外,其余均采用抗拉强度为 1860MPa 的钢绞线,其张拉控制应力为 0. 75 倍的抗拉强度。斜拉索采用抗拉强度 1670MPa、直径 7mm 的低松弛镀锌钢丝,两端均采用冷铸镦头锚。

二、测控过程

该桥在检测初期,由于工期紧、施工难度大等原因,预应力束的安装没有严格按照规范要求的梳、编、穿束工艺执行,管道内多根预应力筋相互缠绕在一起(特别是各节段纵向索一律使用连接器,带挤压套绞线由其周边进入中心锚具,极易扭绞),整束张拉时不能做到多根同步、均匀受力,部分受力较大的预应力筋可能已接近或超过屈服强度,极易断裂;部分受力较小的预应力筋极易滑丝。有效预应力检测报告见表 12-22。

有效预应力检测报告　　表 12-22

梁:边跨 27 号段

孔号:4　　索力不均匀度:22.59%　　梳束编束穿束质量:较差

索　　号	实测值(kN)	校正值(kN)
1	193.42	193.42
2	189.20	189.20
3	187.01	187.01
4	189.22	189.22
5	189.65	189.65
6	193.29	193.29
7	189.19	189.19
8	189.11	189.11
9	191.18	191.18
10	185.76	185.76
11	194.89	194.89
12	188.33	188.33
13	193.97	193.97
14	188.92	188.92
15	194.61	194.61
16	188.20	188.20
17	185.95	185.95
18	159.41	159.41
19	156.44	156.44
20	152.14	152.14
21	150.86	150.86
22	159.78	159.78
整束	4010.53	4010.53

因此,首先进入工地现场指导预应力筋的梳束、编束和穿束,纠正施工单位的错误穿束方法(以往传统穿束方法是将预应力筋一端焊接在一起,通过卷扬机整体拖拉完成穿束,由于焊接高热会严重影响预应力筋的力学性能,即使完成预应力张拉,也存在预应力筋早期疲劳甚至断裂等质量隐患),明确提出了科学的预应力穿束方法。这种节约工时又有效保证预应力张拉施工质量的穿束方法

受到了施工单位的欢迎。为确保有效预应力大小,除准确控制张拉力外,我们还强调了持荷时间,使应力传递充分以减小锚下有效预应力损失。根据现场情况,一般持荷5min以上。经检测发现问题、进行整改,优化施工工艺,采取规范的施工工艺进行整束穿束后,预应力施工质量有了明显的改观,同束索力不均匀度完全合格(表12-23)。

有效预应力检测报告 表12-23

梁:中跨25号段下游2号索

孔号:1　索力不均匀度:4.99%　梳束编束穿束质量:优秀

索　号	实测值(kN)	校正值(kN)
1	185.72	185.72
2	188.62	188.62
3	188.34	188.34
4	182.51	182.51
5	180.72	180.72
6	181.51	181.51
7	180.26	180.26
8	182.00	182.00
9	183.49	183.49
10	179.62	179.62
11	182.50	182.50
12	183.97	183.97
13	181.19	181.19
14	182.57	182.57
15	183.90	183.90
16	184.09	184.09
17	180.29	180.29
18	179.20	179.20
19	183.63	183.63
20	182.02	182.02
21	183.54	183.54
22	181.99	181.99
整束	4021.69	4021.69

由于本桥纵向预应力束的特殊性(多根预应力束分段单端张拉),其梳、编、穿束工艺的不到位必将导致预应力筋的严重受力不均。若受力不均,部分预应力筋将进入高应力或屈服区,缩短单根绞线使用寿命,一旦其破断后,整体索力减小,梁体有效预应力不足,会造成梁体开裂、下挠等,甚至跨中出现贯穿性的横向裂纹。因此,必须严格执行预应力筋的梳、编、穿束工艺;同时应采用扎丝对已梳理顺直的绞线逐段绑扎,绑扎间距不宜大于1m。绑扎完毕的绞线方可依次安装罩壳、紧箍环和波纹管。张拉前应进行调束,先调整到初应力,初应力宜为张拉控制应力 σ_{con} 的15%。鉴于主桥检测控制节段数太少,加之上述工艺问题,加大了合龙后贯穿束的检测力度,从而控制主桥有效预应力施工质量(表12-24、表12-25)。

边跨合龙段有效预应力检测报告 表12-24

梁:边跨合龙段

孔号:B3 上游 索力不均匀度:6.82% 梳束编束穿束质量:良好

索 号	实测值(kN)	校正值(kN)
1	178.56	178.56
2	182.28	182.28
3	183.89	183.89
4	180.72	180.72
5	175.44	175.44
6	183.09	183.09
7	183.06	183.06
8	175.01	175.01
9	182.93	182.93
10	186.30	186.30
11	182.58	182.58
12	178.70	178.70
13	182.38	182.38
14	176.87	176.87
15	173.59	173.59
16	182.06	182.06
17	183.72	183.72
18	173.89	173.89
19	179.75	179.75
20	179.46	179.46

续上表

索　号	实测值(kN)	校正值(kN)
21	182.25	182.25
22	176.66	176.66
23	175.58	175.58
24	177.12	177.12
25	180.94	180.94
26	177.81	177.81
27	177.81	177.81
整束	4852.45	4852.45

中跨合龙段有效预应力检测报告　　表 12-25

梁:主梁后期纵向

孔号:Z9 下游大里程　　索力不均匀度:7.94%　　梳束编束穿束质量:良好

索　号	实测值(kN)	校正值(kN)
1	185.09	185.09
2	184.62	184.62
3	178.85	178.85
4	183.67	183.67
5	180.20	180.20
6	185.35	185.35
7	176.89	176.89
8	175.65	175.65
9	174.91	174.91
10	171.15	171.15
11	171.76	171.76
12	175.02	175.02
13	171.67	171.67
14	183.30	183.30
15	176.08	176.08
16	184.40	184.40
17	181.64	181.64
18	181.32	181.32

续上表

索　号	实测值(kN)	校正值(kN)
19	180.77	180.77
20	185.92	185.92
21	174.85	174.85
22	173.46	173.46
23	172.98	172.98
24	176.92	176.92
25	172.50	172.50
26	173.33	173.33
27	179.44	179.44
整束	4811.74	4811.74

三、测控结论

通过本次检测、校正和控制，将有效预应力施工纳入科学化、规范化的轨道，无论是在有效预应力、索力大小，还是在均匀度方面都达到了预定目标。

对于整束有效预应力大小，完全控制在设计目标内。而在同一梁中有效预应力同断面的不均匀度，对梁体受力、变形、反拱度等均有一定影响，同时反映了张拉施工的工艺控制水平。鉴于同一梁中各束的钢绞线根数不完全一致，因此我们对同一梁中整束有效预应力平均值的不均匀度进行了评价(同梁中各束索力均值汇总报告)。从统计数据表看，同梁中有效预应力同束不均匀度一般都控制在 ±3%，有的还控制在 ±1% 的范围内，确保了张拉力的稳定性与精确性。我们利用数显式张拉控制仪进行跟踪控制，达到预期目标，对锚下有效预应力进行全面控制，普遍达到了预期的张拉精度控制在 ±3% 范围内的目标，只有少量的同梁中有效预应力同束不均匀度超出了 ±3% 的范围。

有效预应力同束不均匀度问题，直接影响绞线的使用寿命。该项误差客观反映了梳束、编束、穿束的工艺水平。对于张拉控制，是用同一片梁中各束单根绞线受力的平均值来评定，该桥的预应力束力不均匀度随着时间的推移，其精度不断提高(图 10-1)。

大跨径桥梁合龙段预应力施工意义重大，必须加强对其的检测控制力度。由于其截面对称布置预应力钢束，为了确保梁体在张拉过程中不出现有害变形(平弯)，不使构件边缘产生过大的拉应力而使梁腹产生裂缝，务必四顶同步张拉,控制精度取1% ~1.5%;采取多顶同步分级张拉工艺进行预应力筋的张拉,使梁在施加预应力的过程中受力均匀、对称且同步,确保梁体线形,如图12-15、表12-26所示。

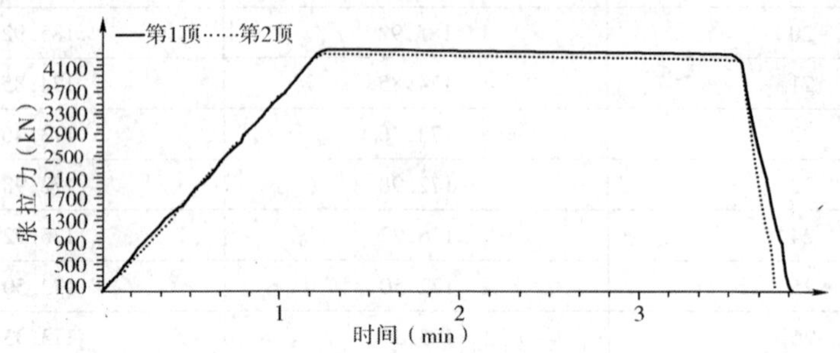

图12-15　预应力张拉检测控制图

预应力张拉检测控制数据　表12-26

顶数	50%	60%	70%	80%	90%	100%
第1顶(kN)	2238	2686	3133	3581	4029	4477
第2顶(kN)	2269	2670	3102	3566	4036	4367
差值(kN)	31	16	31	15	7	110
误差百分比	1.39%	0.60%	0.99%	0.42%	0.17%	2.46%

注:第1顶和第2顶的张拉力为4477kN。

对斜拉索张拉实施跟踪同步控制,实时得出了检测控制数据,及时发现问题解决问题,取得了良好效果。拉索张拉检测控制数据及曲线如图12-16、表12-27所示。从曲线和数据统计可以看出,误差百分比均在3%以下。在张拉过程中各索基本保持了同步性,这说明随着检测控制工作的深入开展,其张拉控制技术在不断进步。

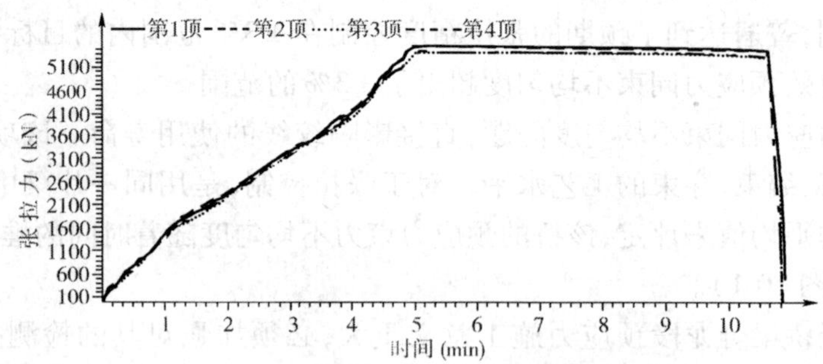

图12-16　拉索张拉检测控制曲线

拉索张拉检测控制数据　　表 12-27

顶数	50%	60%	70%	80%	90%	100%
第 1 顶(kN)	2750	3300	3850	4400	4950	5500
第 2 顶(kN)	2742	3270	3955	4457	4942	5467
第 3 顶(kN)	2750	3300	3850	4400	4950	5500
第 4 顶(kN)	2722	3262	3902	4409	4933	5471
差值(kN)	28	38	105	57	17	33
误差百分比	1.02%	1.15%	2.65%	1.28%	0.34%	0.60%

注:第 1、2、3、4 顶的张拉力为 5500kN。

主桥成桥线形调整后,鉴于斜拉索的重大作用,加大了对拉索索力的检测力度。在优先保证主桥线形的前提下,其精度难于达到规范 ±2% 要求,一般可放宽到 ±5%,其索力大小也基本合格(表 12-28)。

三峡库区某长江大桥斜拉索有效拉力精度测试统计表　　表 12-28

序　　号	索　　号	检测值(kN)	设计值(kN)	误差值(kN)	误差百分比(%)
1	D14 上游	4110.12	4277	166.88	3.90
2	D14 下游	4170.49	4277	106.51	2.49
3	D15 上游	4281.30	4492	210.70	4.69
4	D15 下游	4251.88	4492	240.12	5.35
5	D16 上游	4124.98	4519	394.02	8.72
6	D16 下游	4290.96	4519	228.04	5.05
7	D17 上游	4280.23	4510	229.77	5.09
8	D17 下游	4324.65	4510	185.35	4.11
9	D18 上游	4170.38	4391	220.62	5.02
10	D18 下游	4260.37	4391	130.63	2.97
11	C21 上游	3907.56	3979	71.44	1.80
12	C21 下游	3983.88	3979	4.88	0.12
13	C22 上游	4131.55	3975	156.55	3.94
14	C22 下游	4201.79	3975	226.79	5.71
15	C23 上游	4059.01	4424	364.99	8.25
16	C23 下游	4137.82	4424	286.18	6.47

四、智能验收评估

表 12-29 为该桥某个合同段的检测智能评估综合报告。

预应力张拉施工质量检测智能评估综合报告　　表 12-29

查询条件	×××长江大桥
工程名称	×××高速公路
业主	×××
设计单位	×××
监理单位	×××
施工单位	×××
检测单位	×××
检测日期	2007 年 10 月 24 日 ~2009 年 01 月 19 日
合计检测孔数	36
合计检测梁数	7
实测质量平均得分	74.57 分
梳编穿束工艺评价	梳编穿束施工较差,请注意改进
张拉重复精度评价	张拉重复精度良好,请注意保持
张拉工艺评价	张拉施工良好,请注意保持

共检测 7 片梁,实测质量统计图及走势图如图 12-17、图 12-18 所示。

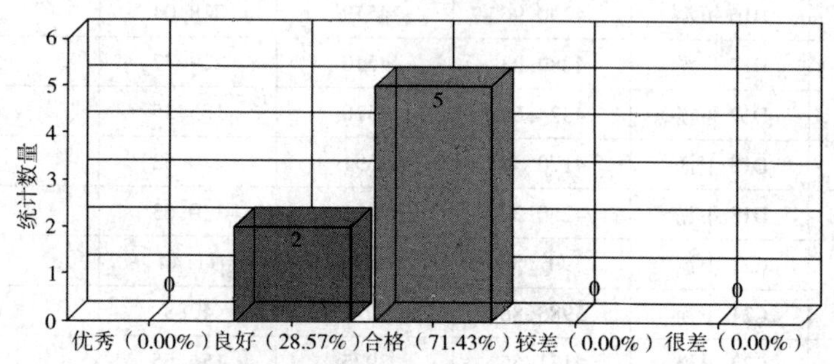

图 12-17　梁的实测质量统计图

共检测 36 孔,实测有效预应力同束不均匀度统计图和走势图如图 12-19、图 12-20 所示。

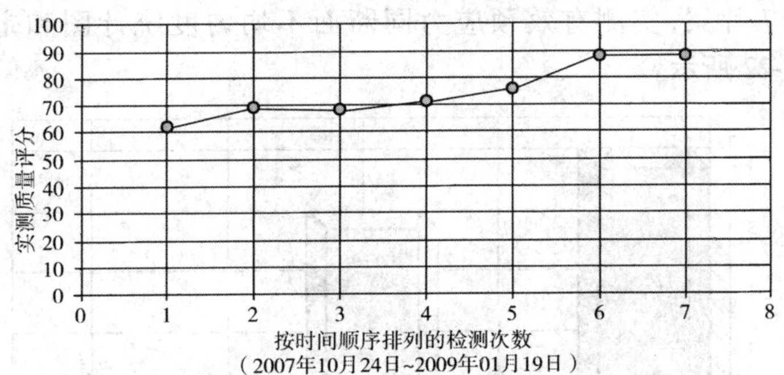

图 12-18　梁的实测质量走势图

注：梁的实测质量由同束不均匀度、同断面不均匀度及张拉力大小综合评分得出，90 分以上为优秀，80 分 ~ 90 分为良好，60 分 ~ 80 分为合格，40 分 ~ 60 分为较差，40 分以下为很差。

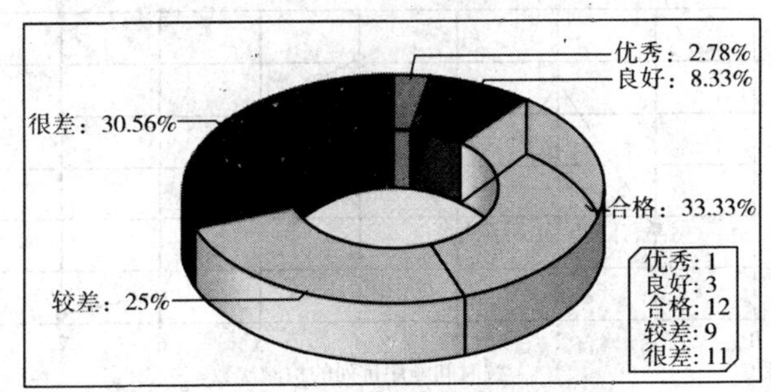

图 12-19　有效预应力同束不均匀度统计图

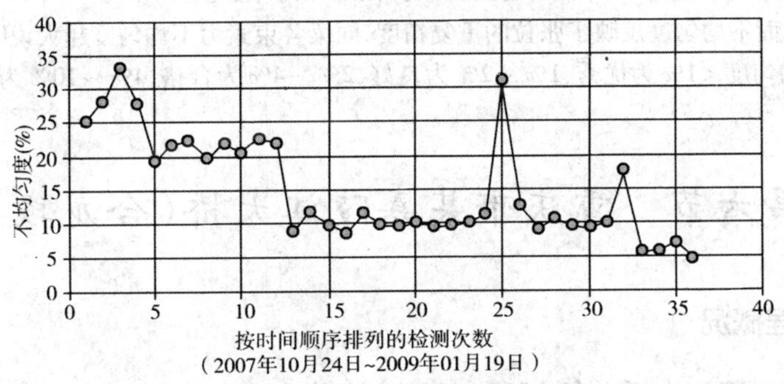

图 12-20　有效预应力同束不均匀度走势图

注：同束不均匀度反映了各孔的梳编穿束质量，不均匀度越大说明梳编穿束质量越差。不均匀度 < 5% 为优秀，5% ~ 8% 为良好，8% ~ 10% 为合格，10% ~ 20% 为较差，> 20% 为很差。

共检测7片梁，实测有效预应力同断面不均匀度统计图和走势图如图12-21、图12-22所示。

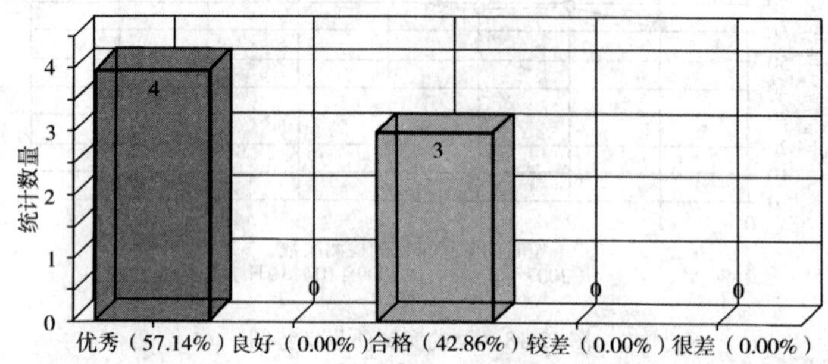

图12-21　有效预应力同断面不均匀度统计图

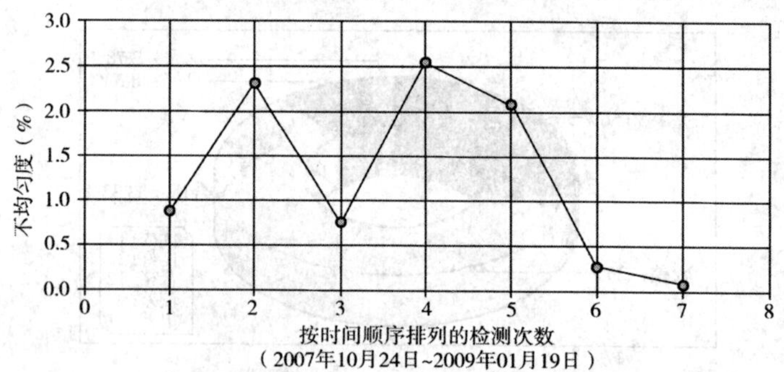

图12-22　有效预应力同断面不均匀度走势图

注：同断面不均匀度反映了张拉的重复精度，同梁各束索力不均匀度越大说明张拉重复精度越差。不均匀度<1%为优秀，1%～2%为良好，2%～4%为合格，4%～10%为较差，>10%为很差。

第六节　重庆市某嘉陵江大桥(合龙段)

一、工程概况

重庆某嘉陵江大桥总长352m，桥型方案为96m+160m+96m的三跨两向预应力混凝土刚构。与一般公路桥梁不同，该桥是一座在连续刚构上架设PC轨道梁的桥上桥。为保证轻轨运营的安全和舒适，轨道梁的线形控制极为严格：PC轨道梁支座高程实测误差不得大于2mm。这就对连续刚构桥的线形控制和后期跨中下挠提出了较高的质量要求。

全桥三个合龙段纵向预应力束共计 78 束，均采用标准强度为 1860 MPa 的 ϕ15.24mm 钢绞线，张拉控制应力为 $0.72f_{pk}=1339.2\text{MPa}$。为最大限度消除混凝土的弹性压缩和后张拉预应力束对先张拉预应力束的影响，确保成桥线形和预应力施工质量，设计图纸明确要求要按边、中跨合龙顺序分四批完成合龙段预应力施工（表 12-30），施工过程中要特别注意锚下有效预应力的控制和梁体同步对称张拉。

重庆某嘉陵江大桥合龙段预应力张拉顺序一览表　　表 12-30

序号	部位	预应力束编号及张拉顺序	预应力筋型号	锚具型号
1	江北岸边跨	T25、T26	φ15.24mm 钢绞线	OVM15-23
		B4、B7、B3、B6、B2、B10		OVM15-14
	江南岸边跨	T25、T26		OVM15-23
		B4、B7、B3、B6、B2、B10		OVM15-14
2	中跨	Z15、Z5、Z6、Z2、Z9、Z14、Z12		OVM15-14
3	江北岸边跨	B1、B5、B8、B9		OVM15-14
	江南岸边跨	B1、B5、B8、B10		OVM15-14
4	中跨	Z1、Z3、Z4、Z7、Z8、Z10、Z11、Z13		OVM15-14

大跨径桥梁合龙段预应力施工意义重大，其截面对称布置预应力钢束，预应力张拉时为避免构件截面呈过大的偏心受力状态，不使构件边缘产生过大的拉应力而使梁腹产生裂缝，多排钢束张拉必须对称同步进行，以保证箱梁在施加预应力的过程中受力均匀，梁体不因受到偏心力矩作用而发生弯曲、扭转和侧弯，不在锚下等部位产生过大的附加内力而变形。

二、测控过程

首先明确提出了科学的预应力穿束方法：预应力束下料完毕后在其一端套入锚板作为梳束工具（也可用限位板），用砂轮锯将该端钢绞线各索端头切割 30～50cm，但保留中心一根钢丝，将中心丝穿入具有与锚具相似位置孔的牵引螺塞后再镦头，将牵引螺塞与螺旋套连接，螺旋套另一端由卷扬机上的钢丝绳牵引，穿束时由卷扬机缓慢牵引整束绞线平动完成整束穿束。钢绞线牵引时采用锚板边梳理边绑扎，绑扎间距宜为 1.0m（图 12-23）。在前期工作中施工单位对此穿束方法有些误解，但在完成试验束的穿束工作后，这种既节约工时又能有效保证预应力张拉施工质量的科学穿束方法立即受到了施工单位的欢迎。

通过梳、编、穿束工艺优化，三个合龙段的预应力束制作、安装工艺得到了有效控制。各索力大小及不均匀度均达到设计和规范要求,其索力不均匀度平均值为6.90%,远优于在建类似桥梁。

图12-23　预应力束镦头整束穿束

大桥南边跨合龙段B4左、B4右预应力束张拉时,我们利用数显式张拉控制仪对四顶同步张拉进行了严格的控制。根据我们对张拉跟踪测控数据的分析,大桥南边跨合龙段B4左、B4右预应力束四顶同步张拉的最大偏载出现在开始张拉后9min52s,即四顶张拉力均达到100%σ_{con}时(四顶张拉力分别为2600kN、2622kN、2605kN、2578kN,最大偏差力44kN),同步张拉误差系数1.7%,小于规范要求的3%;其张拉同步施工工艺规范,同步性良好,能有效保证梁体健康。

为确保有效预应力大小,除准确控制张拉力外,还强调持荷时间,使应力传递充分以减小锚下有效预应力损失。根据现场情况,一般持荷5min以上。

该桥中跨合龙段Z15左预应力束进行了摩阻测试,梁体内预应力分布状态良好。

检测方法:在中跨合龙段Z15左预应力束张拉时,在千斤顶上安装高压油管处装上专用传感器。传感器与数显仪相连接。两个数显仪进行无线自动传输。两端同时张拉至张拉控制应力的50%时,一端张拉另一端停顿,当一端张拉至设计张拉力以后,另一端的对应差值即为所测摩阻。

摩阻报告见表12-31。

摩阻报告　　表12-31

编号:中跨合龙段　摩阻测试

特征点	时间	左端拉力(kN)	左端伸长(mm)	右端拉力(kN)	右端伸长(mm)	摩阻力(kN)
1	00:11:08	2602		1937		665

注:设计控制张拉力:2527.91~2606.1kN;

实际控制张拉力:2602.0kN;

摩阻系数:0.256。

通过摩阻测试可知其摩阻系数为0.256，完全符合设计张拉控制应力要求，有效保证了梁体内有效预应力的建立。

三、测控结论

该桥纵向预应力束采用标准强度 f_{pk} = 1860MPa 的 ϕ15.24mm 钢绞线，其张拉控制应力为1339.2MPa。考虑到摩阻、压缩变形等预应力损失以及多索同步张拉的不均匀性，结合多年来对类似桥梁数以万计的单束锚下有效预应力检测数据的统计和数理分析，为确保钢绞线不受到过大的拉力而疲劳甚至断裂，除了要控制同束中各钢绞线索力不均匀度外（不均匀度≤10%），还必须严格保证单索拉力小于190kN。通过预应力施工控制的现场技术指导，在此基础上多次利用预应力张拉锚固自动控制综合测试仪随机抽检和校正了中、边跨合龙段纵向束锚下有效预应力（先后共检测了14束）。各束力的大小及其不均匀度均满足设计要求，使梁体预应力施工达到预期目标，确保了梁体的健康。

数据分析：由表12-32可知，三个合龙段的预应力张拉控制指标均符合设计和规范要求；中跨合龙段实测数据尤为理想，美中不足的是江南岸边跨数据不够理想，但经校正后均达到设计和规范要求。一进场我们就在预应力筋下料穿束阶段主动介入指导作业人员进行编束、梳束、穿束，预应力筋的制安工艺得到了足够的重视；预应力施工质量平稳，较之测控前应有大幅的提高。中跨合龙段预应力张拉施工控制指标分别为：索力不均匀度平均值6.13%，索力平均值169.65kN，束力不均匀度2.21%。较之我们近期类似桥梁的检测数据，以上结果非常理想。这对减小梁体下挠，确保成桥线形，有效保证梁体健康意义重大。

整束及单根索检测数据一览表　　表12-32

序号	合龙段	束号	索力不均匀度（%）		穿束工艺评定	索力平均值（kN）		束力不均匀度（%）	检测日期
			校正前	校正后		校正前	校正后		
1	江北边跨	T25左	8.14	8.14	合格	180.58	180.58	2.19	2008.6.2
2		B4左	7.41	7.41	良好	176.61	176.61		2008.6.6
3		B2右	6.49	6.49	良好	177.14	177.14		2008.6.9
4	江南边跨	T25右	17.27	8.53		170.27	177.09	5.04	2008.7.1
5		T26左	18.62	8.88		175.37	178.99		2008.7.1
6		B4左	8.09	8.09	合格	179.32	179.32		2008.7.2

续上表

序号	合龙段	束号	索力不均匀度(%)		穿束工艺评定	索力平均值(kN)		束力不均匀度(%)	检测日期
			校正前	校正后		校正前	校正后		
7	中跨	Z15 左	4.11	4.11	优秀	169.60	169.60	2.21	2008.8.1
8		Z15 右	4.83	4.83	优秀	170.57	170.57		2008.8.1
9		Z5 左	4.19	4.19	优秀	169.99	169.99		2008.8.1
10		Z5 右	5.49	5.49	良好	170.41	170.41		2008.8.1
11		Z3 左	7.37	7.37	良好	166.79	166.79		2008.8.13
12		Z3 右	8.22	8.22	合格	170.05	170.05		2008.8.13
13		Z8 左	7.01	7.01	良好	170.43	170.43		2008.8.13
14		Z8 右	7.83	7.83	良好	169.38	169.38		2008.8.13

参 考 文 献

[1] 林同炎,BURNS NED H. 预应力混凝土结构设计(3 版)[M]. 路湛沁等译. 北京:中国铁道出版社,1983.

[2] 白山云,付克俭,李宗长. 超长预应力束初张力及持荷时间试验研究[J]. 桥梁建设,2009,(03):37-39.

[3] 中华人民共和国行业标准 JTG D62—2004 公路钢筋混凝土及预应力混凝土桥涵设计规范[S]. 北京:人民交通出版社,2004.

[4] 方志,汪剑. 预应力混凝土箱梁桥竖向预应力损失的实测与分析[J]. 土木工程学报,2006,(05):78-84.

[5] 沈明燕,钟新谷,舒小娟. 箱梁桥竖向预应力张拉工艺与张拉时机的研究[J]. 施工技术,2007,(10):38-40.

[6] 李坚. 我国预应力混凝土连续梁桥的发展与工程实践[J]. 城市道桥与防洪,2001,(03):21-27.

[7] 彭卫,邢鸿燕,柯善刚. PC 连续箱梁裂缝控制研究[J]. 浙江工业大学学报,2003,31(01):22-27.

[8] 陈肇元. 高强与高性能混凝土的发展及应用[J]. 土木工程学报,1997,(05):3-11.

[9] 冯乃谦. 普通混凝土、高强混凝土与高性能混凝土[J]. 建筑技术,2004,(01):20-23.

[10] 俞瑞堂编译. 高强混凝土在预应力混凝土桥梁中的应用[J]. 国外桥梁,1999,(03):64-67.

[11] 张秀凤. 我国预应力钢材的现状及发展趋势(待续)[J]. 金属制品,2002,(03):1-3.

[12] 张秀凤. 我国预应力钢材的现状及发展趋势(续完)[J]. 金属制品,2002,(04):1-3.

[13] 朱龙,董妍,江南,杜君燕. 预应力钢材回顾与展望[J]. 施工技术,2007,(03):15-17.

[14] 郭正兴.高耐腐蚀预应力筋材料研制的新进展[J].建筑技术,2005,(04):308-309.

[15] 项海帆.高等桥梁结构理论[M].北京:人民交通出版社,2001.

[16] 卢维华.大跨PC连续梁病害评估及加固方法研究[D].西南交通大学,2002.

[17] 杨文渊,徐犇.桥梁维修与加固[M].北京:人民交通出版社,1989.

[18] PETER F TAKACS. Deformations in Concrete Cantilever Bridges: Observations and Theoretical Modeling[D]. Norway: The Norwegian University of Science and Technology, 2002.

[19] 王雪玲.大跨径PC桥梁梁体结构下挠成因分析[D].长安大学,2008.

[20] RAFAEL MANZANAREZ, MIROSLAV OLMER. Parrotts Ferry Bridge Retrofit[R]. T. Y. Lin. International, 1994.

[21] PILZ M. The Koror-Babeldaob Bridge in the Republic of Palau, History and Time Dependent Stress and Deflection Analysis[D]. UK: Imperial College of Science and Technology, 1997.

[22] 张铭,叶忠武,朱红明.钟祥汉江公路大桥加固处治工程设计施工[J].交通科技,2008,(02):37-39.

[23] 马健.三门峡黄河公路大桥的主桥加固[J].公路,2004,(6):62-64.

[24] 晏明.南海金沙大桥主桥加固设计和施工[J].四川建材,2007,(2):200-202.

[25] 詹建辉,陈卉.特大跨度连续刚构主梁下挠及箱梁裂缝成因分析[J].中外公路,2005,(1):56-58.

[26] 杨志平,朱桂新,李卫.预应力混凝土连续刚构桥挠度长期观测[J].公路,2004,(8):285-289.

[27] 唐涛.斜拉桥结构体系使用安全性评估理论与方法研究[D].同济大学,2006.

[28] 周艳,宋君超.斜拉桥损伤分析[J].山西建筑,2009,(1):340-341.

[29] 朱战良.广东九江大桥换索工程研究[D].西南交通大学,2003.

[30] 张开银,张军辉,梁新宇,向小斌.某斜拉桥的病害成因及加固研究[J].交通科技,2008,(4):25-28.

[31] 杨齐海,肖书翔.某斜拉桥结构体系病害的处理[J].铁道建筑技术,2004,(2):35-37.

[32] 唐涛,徐俊,陈惟珍.斜拉桥运营期病害分析与维护管理策略[J].中国市

政工程,2006,(6):20-22.

[33] 侯秀丽.桥梁工程重大坍塌事故调查与分析[D].中南大学,2006.

[34] 顾安邦,徐君兰.中、下承式拱桥短吊杆结构行为分析[J].公路,2002,(5):8-10.

[35] 李元兵,张启伟.振动对拱桥短吊杆截面应力分布的影响[J].同济大学学报,2009,(2):159-163.

[36] 刘山洪.简明预应力混凝土桥梁施工手册[M].北京:人民交通出版社,2006.

[37] 重庆市公路工程行业标准 CQJTG/T F81—2009 桥梁预应力及索力张拉施工质量检测验收规程[S].北京:人民交通出版社,2009.

[38] 林元培.斜拉桥[M].北京:人民交通出版社,1995.